Titre original
Tomb of Nightmares

J.H. Brennan

Le Tombeau des Maléfices

Quête du Graal/7

Traduit de l'anglais
par Janine Hérisson

Illustrations de John Higgins

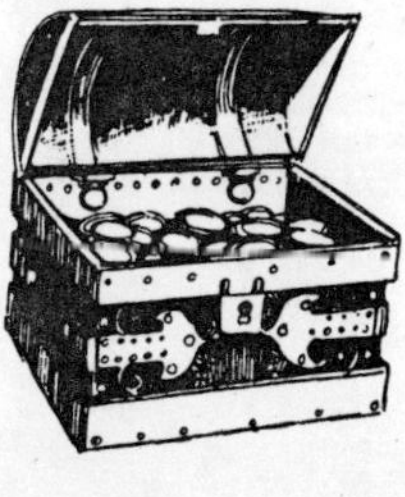

Gallimard

Mon or, Pip !

Merlin vous a choisi comme émissaire. Le vieux magicien (que la soif de l'or a rendu à moitié fou) vous a confié une mission : aller récupérer de l'argent qu'on lui doit depuis longtemps. Bien qu'il vous ait affirmé que tout se passera comme sur des roulettes, vous n'en êtes pas tout à fait convaincu. Et vos pires craintes se matérialisent lorsque vous pénétrez dans les galeries sombres et poussiéreuses du Tombeau des Maléfices : vous voilà dans un domaine souterrain si dangereux, si terrifiant, peuplé de tant de vampires, de monstres, de goules et de créatures innommables qu'il vous faudra faire appel à toute l'ingéniosité et toute l'habileté que vous avez acquises pour éviter les pièges diaboliques tendus sur le chemin des imprudents pour les conduire à leur perte.

Surtout ne vous hasardez pas dans le redoutable Caveau sans vous être préparé avec soin. Trois des meilleurs spécialistes de nos jeux s'y sont en effet perdus à jamais durant la préparation de ce livre.

Pour vous lancer dans cette aventure, vous avez besoin de deux dés, d'un crayon, de papier et de tout le courage dont vous êtes capable. Utilisez la *Feuille d'Aventure* pour noter votre progression. N'oubliez pas que toutes les règles sont résumées à partir de la page 187. Et surtout, dressez soigneusement une carte du chemin que vous aurez parcouru si vous voulez avoir une chance de vous en sortir vivant.

Le Tombeau des Maléfices est le septième volume des Aventures de la Quête du Graal, après *Le Château des Ténèbres, L'Antre des Dragons, Les Portes de l'Au-Delà, Le Voyage de l'Effroi, Au Royaume de l'Epouvante* et *Le Temps de la Malédiction.*
Si vous n'avez pas encore commencé votre collection, hâtez-vous ! Car, comme vous allez bien vite le constater à vos dépens, Merlin est absolument incapable de se passer de vous.

NOUVELLE RÈGLE IMPORTANTE

LES PORTES SECRÈTES

Cette Aventure de la Quête du Graal est particulièrement délicate. Lorsque vous serez à l'intérieur du Caveau, il vous faudra dresser avec soin la carte de vos déplacements si vous voulez survivre. Mais cette précaution élémentaire ne sera pas suffisante. Le Caveau est en effet truffé de passages secrets et de portes dérobées.
Dans certains paragraphes, au début de l'aventure, vous serez incité à rechercher les portes secrètes, et il vous sera donné un numéro de paragraphe où vous rendre pour vous livrer à cette recherche.
Mais ces paragraphes ne sont pas les seuls où vous risquez de découvrir des portes secrètes. Ce qui nous amène à la nouvelle règle :

Afin de rechercher une porte secrète dans n'importe quel paragraphe, lancez un dé. Si vous faites 4, 5 ou 6, vous êtes autorisé à consulter le Tableau des Portes Secrètes, page 180. Si vous faites moins de 4, vous n'avez pas remarqué la porte secrète qui pourrait éventuellement se trouver là.

Si à un paragraphe donné vous ne sortez pas le chiffre nécessaire pour consulter le Tableau des Portes Secrètes, vous ne serez autorisé à chercher de nouveau dans ce même paragraphe que si, après l'avoir quitté, vous y êtes renvoyé. N'oubliez pas que vous pouvez vous livrer à des recherches aussi souvent que vous le jugez nécessaire. (Les éventuelles portes secrètes à sens unique *donnant accès* à un paragraphe où vous vous trouverez ne sont *pas* indiquées sur le Tableau des Portes Secrètes.)

FEUILLE D'AVENTURE

POINTS DE VIE DE PIP

TOTAL DE DÉPART:

TOTAL ACTUEL :

POINTS D'EXPÉRIENCE
(20 POINTS = 1 POINT PERMANENT DE VIE) :

ÉQUIPEMENT TRANSPORTÉ

NOTES

DÉTAIL DES COMBATS

ADVERSAIRE :

POINTS DE VIE :

RÉSULTAT :

POINTS DE VIE RESTANTS :

ADVERSAIRE :

POINTS DE VIE :

RÉSULTAT :

POINTS DE VIE RESTANTS :

ADVERSAIRE :

POINTS DE VIE :

RÉSULTAT :

POINTS DE VIE RESTANTS :

ADVERSAIRE :

POINTS DE VIE :

RÉSULTAT :

POINTS DE VIE RESTANTS :

ADVERSAIRE :

POINTS DE VIE :

RÉSULTAT :

POINTS DE VIE RESTANTS :

ADVERSAIRE :

POINTS DE VIE :

RÉSULTAT :

POINTS DE VIE RESTANTS :

ADVERSAIRE :

POINTS DE VIE :

RÉSULTAT :

POINTS DE VIE RESTANTS :

ADVERSAIRE :

POINTS DE VIE :

RÉSULTAT :

POINTS DE VIE RESTANTS :

ADVERSAIRE :

POINTS DE VIE :

RÉSULTAT :

POINTS DE VIE RESTANTS :

La ruée vers l'or !

Ici Merlin.
J'ai une petite tâche à te confier. Oh, rien de dangereux ; il ne s'agit pas de sauver le monde ! Une simple affaire de remboursement. J'ai besoin de quelqu'un qui aille chercher pour moi une certaine somme d'argent. Ou plus exactement un trésor. Enfin, un butin, pour employer le terme le plus approprié. Des gemmes, des bijoux, des parures, des lingots, des sculptures en ivoire, des miniatures, des jades, des figurines d'argent, et de l'or... De l'or, te dis-je ! De l'or, de l'or, de l'or !
Allons bon, je me laisse emporter ! Voilà ce qui arrive quand on essaye de vivre de sa pension. Même s'il s'agit d'une pension allouée par le Roi Arthur, qui est plutôt généreux.
Je vais tout simplement lancer le Sortilège qui te ramènera dans mon Temps. Le Temps du Roi Arthur. Avalon, Camelot, des actes héroïques, la chasse aux dragons (qui sera cette fois inutile, rassure-toi), des sorciers habitant dans des tours ; des demoiselles en détresse ; un ogre ou un troll par-ci, par-là.
Tiens-toi prêt pour le Sortilège !

> « *Bingo, bingo, boulot, gogo !*
> *Presto, presto, turbo, galop !*
> *Pronto, pronto, chaos, banco !* »

Tiens, ça ne marche pas... et j'ai l'impression que quelqu'un regarde par-dessus mon épaule...

« J'ai une petite tâche à te confier... »

1

— « *Au trot, au trot, besogne, haro !* » rectifiez-vous d'un ton excédé, au moment même où une explosion silencieuse (et plus ou moins indolore) à l'intérieur de votre tête vous transporte à travers les siècles dans ...

— Quoi ?

— Le Sortilège que vous essayez de vous rappeler : « *Au trot, au trot, besogne, haro !* » Il me semble que c'est de Shakespeare... qui n'est pas encore né, d'ailleurs. Dans une pièce qu'il n'a pas encore écrite, où il est question d'un Roi d'Ecosse qui n'existe pas encore.

... ce qui doit être le plus étrange salon que vous ayez jamais vu. Les murs, le sol et le plafond, doucement incurvés, délimitent l'intérieur d'une sorte de sphère ovoïde, et sont d'une nuance de bleu absolument exquise. Merlin a toujours habité dans des endroits étranges, mais que peut bien être celui-ci ?

— Un œuf de Roc, déclare Merlin, qui a fait des progrès manifestes pour lire dans la pensée d'autrui. Un marin saoul comme un Polonais en a fait cadeau au Roi Arthur. Comme il ne savait pas quoi en faire, il me l'a donné. Et comme je manque un peu d'espace où habiter, je m'y suis installé.

Il manque d'espace où... Vous savez pertinemment que ce vieil imbécile possède un château en rondins dans une forêt, une maison bulle au fond d'un puits à Glastonbury, une maison dans un tronc creux, un antre magique en forme de cube, un tonneau de philosophe et une grotte de cristal, tous parfaitement meublés et équipés de livres de magie et d'un creuset d'alchimiste. Il a besoin d'une nouvelle demeure comme un infirme de sa jambe de bois. Si le vieil imbécile continue à lire dans votre pensée, il n'en montre rien.

1 *C'est la demeure la plus étrange que vous ayez jamais vue !*

— Quant à cet argent que tu vas aller chercher pour moi... reprend-il.
— Mais oui, naturellement, monsieur, dites-vous poliment. Je suis, bien sûr, toujours intéressé par une aventure ; même aussi bassinante que le remboursement d'une dette.
— Parfait, réplique vivement Merlin. Si tu sais comment procéder dans une aventure de la Quête du Graal — POINTS DE VIE, combat, règles magiques, et ainsi de suite — tu peux commencer directement au **3**. Mais si tu as besoin de te rafraîchir un peu les idées, je vais te donner quelques explications au **2**.

Vous l'avez entendu ? Alors vite, faites votre choix !

2

— Très bien ! commence Merlin d'un ton animé. Nous n'allons pas perdre trop de temps à expliquer des règles, n'est-ce pas ? Alors que l'action nous attend... euh... enfin, alors que l'action t'attend !
Il cligne des yeux d'un air malin, puis son front s'assombrit tout à coup.
— Mais comme souvent tu es un peu tête en l'air, peut-être vaut-il mieux te les rabâcher une fois de plus.

POINTS DE VIE

Pour calculer vos POINTS DE VIE, lancez deux dés et multipliez le résultat obtenu par 4. Vous allez obtenir un chiffre compris entre 8 et 48. Si vous estimez ce total insuffisant — c'est à coup sûr le cas pour 8 — faites un nouvel essai. Vous avez droit à trois tentatives (pas plus) avec la faculté de choisir le total le meilleur que vous réaliserez.
Les POINTS DE VIE sont extrêmement importants dans les combats. Si, au cours d'un affrontement, ils

sont ramenés à 5, vous serez réduit à l'impuissance (c'est-à-dire que vous pourrez continuer l'aventure, mais que vous serez automatiquement tué au prochain combat qui se présentera, sauf si vous avez, entre-temps, regagné des POINTS DE VIE). Si votre total de POINTS DE VIE devient égal à zéro, vous êtes mort. Il en va bien entendu de même pour vos adversaires.

COMBAT

Pour frapper un adversaire à mains nues, vous lancez deux dés. Si vous faites 6, ou plus, vous lui avez porté un coup. Si vous obtenez moins de 6, c'est que vous avez maladroitement frappé à côté.

Admettons que vous ayez touché votre adversaire : pour chaque point marqué *au-dessus* de 6, vous lui causez un dommage. Si vous avez obtenu 7, vous marquez contre lui 1 Point de Dommage ; 8, 2 Points de Dommage, etc. Chaque Point de Dommage marqué contre un ennemi est déduit de ses POINTS DE VIE.

Bien entendu, votre adversaire se battra de la même façon contre vous.

Avant tout combat, vous devrez déterminer qui frappe le premier (qui porte le premier coup). A cet effet, lancez deux dés pour votre adversaire, et deux dés pour vous-même. Celui qui obtient le total le plus élevé frappe le premier (c'est-à-dire lance les dés le premier). Si les résultats sont égaux, recommencez jusqu'à ce que l'un ou l'autre l'emporte.

Si vous utilisez des armes — et ce sera le cas la plupart du temps — les règles changent légèrement. Par exemple, votre fidèle épée parlante E.J. possède un pouvoir magique. Lorsque vous l'avez en main, il vous suffit de faire au minimum 4 pour toucher un adversaire. De plus, grâce à elle, vous infligerez

5 Points de Dommage supplémentaires (+5) à un adversaire à chaque fois que vous le toucherez, qui s'ajouteront à tout autre Point de Dommage obtenu par les dés.

ARMURES

Le port de l'armure entraîne toujours pour celui qui l'a revêtue une réduction des Points de Dommage qu'il peut subir. Merlin a donné à Pip un pourpoint en peau de dragon lors d'une aventure précédente : il vaut une déduction de 4 Points de Dommage à chaque coup qui pourrait lui être infligé.

RÉACTION AMICALE

Le combat est important mais, dans de nombreux cas, il y aurait tout intérêt à l'éviter. Cette méthode est applicable (avec de la chance) de deux façons. La première, c'est d'essayer de provoquer de la part de l'adversaire une Réaction Amicale. Pour ce faire, lancez deux dés pour votre ennemi et trois fois deux dés pour vous. Si vous obtenez un résultat inférieur à celui de votre ennemi, la Réaction Amicale vous sera acquise, et vous vous comporterez comme si vous aviez gagné le combat. Vous pouvez donc constater qu'il n'est pas facile d'obtenir une Réaction Amicale d'un adversaire.

TENTATIVE DE CORRUPTION

L'autre façon d'éviter l'affrontement est la tentative de Corruption. Elle n'est utilisable que dans les paragraphes marqués *C où l'astérisque (*) correspond au nombre de Pièces d'Or que votre ennemi est susceptible d'accepter. *C égale 100 Pièces d'Or ; **C, 500 Pièces d'Or ; ***C, 1 000 Pièces d'Or ; ****C, 10 000 Pièces d'Or. (Les Pièces d'Or ne sont pas impératives. Si vous avez sur vous des diamants

ou tout autre objet d'une valeur égale ou supérieure, ils feront l'affaire.) Vous pouvez évaluer les pierres précieuses dont vous disposez en lançant deux dés pour chaque pierre, en multipliant le résultat par 10 et en considérant le total obtenu comme la valeur de la pierre en Pièces d'Or.
Les accessoires magiques présentent plus de complexité. En général, la valeur de tout objet magique peut être obtenue par un lancer de deux dés dont le résultat est multiplié par 100. Mais si cet objet est une arme magique ou quelque chose qui peut être utilisé dans un combat, alors le total de votre lancer de dés devra être multiplié par 1 000. Les accessoires magiques très personnels (comme E.J.) n'ont pas de prix (Merlin soutient que cette épée prodigieuse vaut plus de 2 500 000 Pièces d'Or), et ne devront jamais être vendus, quel que soit votre besoin d'argent.

Si vous voulez acheter un adversaire, lancez deux dés. Si vous faites de 2 à 7, votre offre a été *refusée*. Mais, refusée ou non, vous avez perdu votre argent. Si vous faites de 8 à 12, alors l'offre a été acceptée et vous poursuivez votre chemin comme si vous aviez gagné un combat, après avoir donné la somme convenue. Mais souvenez-vous bien que cette possibilité ne vous est offerte que si elle est formellement spécifiée à côté du numéro d'un paragraphe.

MAGIE

Dans cette aventure, vous devrez très certainement recourir à la magie pour vous sortir de situations fâcheuses situations. Lorsque vous déciderez de jeter un sort, vous lancerez deux dés. Si le chiffre obtenu est égal ou supérieur à 7, il produit l'effet souhaité. Sinon, il est totalement inopérant. Chaque sort jeté coûte 3 POINTS DE VIE, qu'il donne un résultat ou non. Enfin, aucun sort ne peut être jeté plus de trois fois, qu'il ait eu un effet ou non.

GUÉRISON

Il est naturellement impossible d'éviter tous les combats ; vous êtes donc voué à perdre des POINTS DE VIE à un moment ou à un autre de l'aventure. Mais il existe des moyens de les récupérer. Votre équipement, au départ de l'aventure, comprend trois fioles de Potion Curative, chacune contenant 6 doses — en tout, donc, 18 doses. Chaque fois que vous prendrez une dose de Potion Curative (au goût infect, soit dit en passant) vous lancerez deux dés et vous ajouterez le chiffre obtenu à votre total de POINTS DE VIE.
Les onguents agissent un peu de la même façon. Merlin étant extrêmement chiche, votre équipement ne comporte que cinq applications d'onguents. Inutile de lancer les dés à cet égard. Chaque application vous restituera trois POINTS DE VIE.

SOMMEIL

Si vous êtes à court de potions ou d'onguents ou si vous désirez les conserver pour les utiliser ultérieurement, vous pouvez toujours avoir recours au sommeil pour recouvrer des POINTS DE VIE. Vous êtes libre de dormir n'importe quand, sauf au cours d'un combat. Il vous suffit pour cela de lancer un dé. Si vous obtenez un 5 ou un 6, lancez encore deux autres dés et ajoutez le chiffre obtenu au total de vos POINTS DE VIE. Si vous faites moins de 5, vous devez vous rendre à la Section du Temps du Rêve (voir page 184). Vous comprendrez alors que dormir présente certains dangers : vous risquerez très souvent de perdre *encore plus* de POINTS DE VIE dans le Temps du Rêve que pendant l'aventure et, parfois même, vous pourrez y trouver la mort.

LES POINTS D'EXPÉRIENCE

Quelle que soit la méthode que vous employez pour récupérez des POINTS DE VIE, *vous ne pourrez jamais en obtenir plus* que vous n'en aviez au départ. Mais vous pourrez augmenter votre Total de Départ de POINTS DE VIE (assez lentement, il faut le reconnaître) grâce aux POINTS D'EXPÉRIENCE. Vous gagnerez un POINT D'EXPÉRIENCE pour chaque combat dont vous sortirez vainqueur, ou pour chaque énigme que vous aurez résolue. (Et c'est à vous qu'il incombe d'en conserver la liste.) Lorsque vous avez réuni 20 POINTS D'EXPÉRIENCE, vous pouvez les échanger contre 1 POINT DE VIE PERMANENT. Les POINTS DE VIE PERMANENTS s'ajoutent à votre total de POINTS DE VIE ; mieux encore, vous pourrez conserver jusqu'à 10 POINTS DE VIE PERMANENTS dans votre prochaine aventure.

ARGENT

Comme il est toujours utile d'avoir sur soi quelques Pièces d'Or au cours d'une aventure, vous pouvez, au départ, lancer deux dés et multiplier le résultat obtenu par 10. Vous saurez ainsi quelle est votre réserve initiale de Pièces d'Or.

RÉPÉTITIONS DE L'AVENTURE

Sans aucun doute allez-vous souvent perdre la vie, au cours de cette aventure. Et vous allez faire de nombreux séjours au redoutable paragraphe **14**. Mais ne vous inquiétez pas : Merlin veille ! Et, muni de nouveaux POINTS DE VIE, vous ne tarderez pas à reprendre votre mission. Lorsque vous recommencerez l'aventure, tous les monstres que vous aurez vaincus auront disparu à tout jamais. Mais il en sera de même des trésors ou des objets que vous aurez pu découvrir. Et qui, naturellement, ne seront plus en votre possession. Il serait donc utile, sinon indispensable, de dresser une carte très précise de tous les lieux que vous visiterez.

LA FEUILLE D'AVENTURE

En pages 10 et 11, vous trouverez votre Feuille d'Aventure. Elle vous servira à noter *tous* les détails de la mission que vous allez devoir mener à bien. Soyez très attentif à bien la tenir à jour, car il n'en sera plus fait état dans les pages qui vont suivre.

— Tu as tout retenu, demande Merlin ? Alors, file vite au **3** et nous pourrons commencer l'aventure... si tant est qu'on puisse parler d'aventure !
Il regarde autour de lui d'un petit air dégagé.
— Je pense que tu seras rentré à temps pour le thé.

Ce vieil imbécile vous cache quelque chose. Mais pour le moment, tout ce que vous pouvez faire, c'est vous rendre au **3**.

3

Merlin vous gratifie d'un sourire séducteur (un spectacle propre à glacer le sang du plus valeureux), et se gratte le bout du nez.
— Grott le Gredin, dit-il.
Vous battez des paupières.
— Je vous demande pardon ?
— Grott le Gredin. Il me doit de l'argent.
— Qui ça ?
— Grott le Gredin ! s'exclame Merlin. C'est son nom ! Il est Gallois, ajoute-t-il, comme si cela expliquait tout. Je le lui ai prêté lors d'une réunion de la Guilde des Magiciens et maintenant j'en ai besoin. Et c'est là que tu interviens. Je veux que tu ailles récupérer cet argent.

— Je vois, dites-vous.
— Son repaire... (il toussote) ; sa demeure n'est pas très loin d'ici ; je me suis donc permis, pour gagner du temps, de préparer ton équipement. Inutile de te donner la peine de choisir ton matériel pour une aventure aussi banale ; en fait, il ne s'agit même pas d'une aventure, mais plutôt d'un petit intermède distrayant.
Il vous tend le vieux sac élimé dont vous vous êtes servi si souvent au cours de vos aventures. Jetant un coup d'œil à l'intérieur, vous constatez qu'il contient le matériel suivant pour aventurier (assez classique) :

Bidon d'huile
Bottes de rechange
Briquet à amadou
Corde
Couteau
Couverture
Crampons d'escalade
Hache
Lanterne
Pansements
Rations alimentaires
Sacs (en grosse toile, 6 en tout)
Scie
Tente
Ustensiles de cuisine
Vache à eau
Vêtements de rechange

Au fond est rangé un petit livre relié en cuir, portant sur la couverture l'inscription en lettres dorées :

LIVRE DE SORTILÈGES COMBINÉS DE PIP
(Nouvelle édition, révisée, enrichie
et signée par l'Auteur)

— Tu le liras plus tard, intervient Merlin d'un ton irrité en vous voyant feuilleter le livre. Si nous attendons trop longtemps, ce sera la marée haute.
Habitué maintenant aux commentaires abscons de Merlin, vous ne lui demandez même pas ce que la

marée vient faire là-dedans. Vous vous contentez de vous enquérir :

— Pourquoi pensez-vous que j'aurai besoin de magie pour cette aventure ?

Merlin plisse les lèvres et vous fait un clin d'œil.

— On ne sait jamais, dans ce domaine-là, déclare-t-il, mystérieux. En outre, Grott le Gredin est un magicien ou, plus exactement, un sorcier et, ne serait-ce que par courtoisie, mieux vaut emporter un sortilège ou deux.

— Ce Grott, dites-vous soupçonneux en fronçant les sourcils, combien vous doit-il exactement ?

— Cinquante Pièces d'Or, répond aussitôt Merlin. Plus les intérêts, bien entendu.

— Et les intérêts se montent à combien ?

— A peu près tout ce qu'il possède, déclare joyeusement Merlin en se frottant les mains. Ce prêt remonte à très longtemps.

— Tout ce qu'il possède ? répétez-vous. Et il sera d'accord pour vous donner tout ce qu'il possède ?

— Non, commente Merlin. Je ne le pense pas. Mais on ne sait jamais. Il y réfléchira peut-être à deux fois avant de s'opposer à Pip, à celui qui a vaincu les sorciers, pourfendu les dragons, sauvé le Royaume, refermé les Portes de l'Au-Delà, maîtrisé le Chaos. Tu as une sacrée réputation maintenant, tu sais. C'est pour cette raison que je t'ai choisi...

— Vous voulez que j'use de menaces envers lui ? demandez-vous, consterné, vous rendant compte soudain que ce vieux grigou vous a convoqué dans son Temps pour vous faire jouer, en quelque sorte, le rôle d'un gros bras de la Mafia.

— Menaces, menaces, c'est un bien grand mot, dit Merlin. Il s'agit simplement de... faire un peu pression sur lui. Et si ça ne marche pas, de prendre l'argent malgré tout. Il m'appartient, de toute façon. Il

hésite, avant d'ajouter : Tu toucheras une commission de dix pour cent, bien entendu.
— Voilà qui change tout. Ce Grott, je suppose, est un méchant sorcier ?
— Très, acquiesce Merlin.

Il ne vous reste plus qu'à prendre Excalibur Junior, votre remarquable épée parlante, et à lire votre Livre des Sortilèges Combinés *(page 175) avant de vous rendre au* **4** *pour vous lancer dans cette peu catholique aventure.*

4

— Fin prêt ? demande Merlin, guilleret. Parfait. Alors, allons-y.
— Vous venez aussi ? demandez-vous, quelque peu surpris.
— Oui, bien sûr, répond sèchement Merlin. Tu ne t'imagines pas que je vais te laisser aller tout seul, non ? Tu pourrais te perdre. Ou, pire encore, avoir des ennuis. Nous ne pouvons prendre ce risque, pas vrai ? Il nous faut une aventure agréable, sans danger. Pas d'ennuis, pas de difficultés, pas d'émotions inutiles.
— *Psst !*
— Qu'est-ce qu'il y a, E.J. ?
— Je crois qu'il est devenu complètement marteau, chuchote E.J.
— Pas du tout, répondez-vous à voix basse. Il veut simplement donner le change. Il insiste sur le côté sans danger de cette aventure uniquement pour apaiser notre naturel soupçonneux.
— Tu veux dire que l'aventure ne sera pas sans danger ? demande E.J.
— Je le crains fort.
Après un instant de silence, E.J. marmonne :

— J'aurais mieux fait de rester au lit.

Mais Merlin, ayant ouvert une porte dans la paroi fragile de l'œuf de Roc, vous pousse au-dehors. L'œuf même est posé à l'extrême pointe d'un promontoire rocheux qui avance au-dessus d'une mer agitée, et qui est si étroit et si bas dans sa partie qui touche au rivage qu'on l'imagine facilement submergé à marée haute. Et même actuellement, il est balayé çà et là par les vagues, et vous allez être sérieusement douché si vous ne faites pas très attention.

— Suis-moi ! s'exclame Merlin, et il s'élance à grands pas sur la corniche rocheuse, une main (tenant sa baguette de magicien) levée, tel un policier dirigeant la circulation. Et, alors que la magie de Merlin se révèle souvent désastreuse, elle semble cette fois fonctionner sans défaut car, tout en vous saisissant de votre sac et en lui emboîtant le pas, vous remarquez que les vagues déferlantes se heurtent maintenant, dirait-on, à une barrière invisible.

Vous arrivez sur le rivage. Un paysage désolé s'étend devant vous, sable et rochers, semé de rares buissons rabougris. Intrigué, vous demandez :

— Où sommes-nous exactement ?

— En Cornouailles, répond Merlin. Je me sers de l'œuf comme maison de vacances. C'est tout près de Tintagel, en fait ; le Château du Roi, rends-toi compte. Il se drape étroitement dans les plis de sa robe, passe sa baguette de magicien dans sa main gauche et tend la main droite.

— Voilà, Pip, la direction que tu vas prendre.

Regardant du côté où il pointe son doigt osseux, vous apercevez un deuxième promontoire avançant dans la mer à moins de quatre cents mètres du premier. A l'extrémité de celui-là, une tour en pierre grise se dresse, orgueilleuse, au-dessus des vagues.

Bien que formé de rochers, le promontoire est sensiblement plus large que celui qui donne accès à l'œuf de Merlin, et il semble même qu'une véritable route y ait été construite.
— Et voici ta carte, ajoute Merlin.
— Une carte ? protestez-vous. Pourquoi aurais-je besoin d'une carte ? C'est à deux pas d'ici.
— On ne saurait se montrer trop prudent, dit Merlin. Allez, mets-toi en route.
— Vous ne venez pas ?
— Seigneur, non ! J'ai des choses plus importantes à faire. Je t'ai amené jusque-là. Tu peux bien te débrouiller tout seul maintenant.
Après avoir jeté un regard nerveux alentour, il commence à remonter à pas pressés vers son œuf de Roc.
— Hé, attendez une minute ! lui criez-vous. Vous ne m'avez même pas dit à quoi ressemblait ce Grott ! Enfin, je veux dire, comment vais-je le reconnaître si je le rencontre ?
— Il est très vieux, lance Merlin par-dessus son épaule. Si vieux, en fait, que certains prétendent qu'il est mort depuis des années. Mais, à ta place, je n'écouterais pas ce genre de ragots insensés.

Et il semble bien que vous n'allez pas lui soutirer d'autre renseignement utile avant de vous lancer dans cette petite aventure sans danger. Le promontoire donnant accès à la tour en pierre n'est qu'à quelques minutes de marche, au **47**. *Si vous voulez perdre votre temps à consulter la carte, vous la trouverez au* **26**.

5

Bon sang de bois, vous êtes tombé dans une fosse !

Lancez deux dés pour savoir combien de POINTS DE VIE *vous avez perdus. Si cette chute vous est fatale,*

rendez-vous au **14**. *Sinon, vous pouvez vous extirper de la fosse pour découvrir que la porte que vous avez essayé d'ouvrir ne s'est pas ouverte.*
Le choix s'offre donc à vous : tenter d'ouvrir la porte de droite au **10**, *ou les deux portes ensemble au* **15**.
Par ailleurs, vous pouvez quitter la salle, auquel cas vous pouvez soit essayer une autre entrée au **7**, *au* **17** *ou au* **22**, *soit revenir sur vos pas au* **47**.

6

Bing !
Au moment où vous touchez les poignées de la porte à deux battants, un épieu hérissé de pointes meurtrières, projeté par un ressort, siffle dans l'air et vous transperce à la hauteur du plexus solaire.

Lorsque vous aurez enfin réussi à arracher cette arme de votre chair pantelante, vous aurez perdu un double lancer de POINTS DE VIE. *Si cet accident vous est fatal, rendez-vous au* **14**. *Sinon vous avez le choix entre retourner au* **62** *pour étudier les possibilités qui vous y sont offertes, ou alors, si vraiment vous avez perdu la boule, essayer d'ouvrir de nouveau les portes à double battant au* **20**.

7

Vous avancez à pas prudents dans la galerie, tapant sur les murs latéraux dans l'espoir de découvrir une porte secrète. Vous avez presque atteint l'extrémité du mur est, lorsque vos recherches semblent couronner de succès : la paroi sonne creux ! Mais, malgré tous vos efforts, vous n'arrivez pas à trouver la moindre ouverture. Vous continuez jusqu'au bout, butant alors contre le rocher, mais de près vous pouvez repérer un petit levier qui en dépasse.

6 *Un épieu hérissé de pointes vous transperce à la hauteur du plexus solaire.*

Que vous pouvez, bien entendu, avoir envie d'abaisser. Si vous le faites, rendez-vous au **44**. *Sinon, vous pouvez retourner au* **36** *et étudier à nouveau les choix qui vous sont offerts.*

8

Vous voilà de nouveau dehors ! Debout, le dos tourné à la falaise que vous connaissez bien, pour être exact. Et qui comporte toujours quatre ouvertures.

Que vous pouvez explorer au **7**, *si vous le désirez. Ou alors, vous pouvez essayer la deuxième entrée au* **17**, *la troisième au* **22** *ou la quatrième au* **51**.

9

La forêt semble encore plus terrifiante de près qu'elle ne l'était de loin. Tous les arbres croulent sous le viorne et les champignons ; et les viornes semblent onduler lentement lorsque vous ne les regardez pas directement. Un effet de la lumière, sans aucun doute, ou peut-être du vent.

— Tu ne vas pas continuer ? grommelle E.J. dans son fourreau.

— Pourquoi demandes-tu ça ?

— Cet endroit ne me dit rien qui vaille.

A vous non plus, pour être sincère. Mais vous voilà maintenant dans la forêt et il ne s'est rien passé ; aussi peut-être son apparence seule est-elle inquiétante. La route continue vers le nord, et un vieux poteau indicateur pointé vers l'est indique le chemin qui conduit à un endroit appelé la chaumière du Chèvrefeuille.

Il est encore temps de repartir vers le sud au **47**. *Si vous préférez néanmoins continuer en direction du nord, rendez-vous alors au* **40**. *Le chemin de la chaumière du Chèvrefeuille vous amène au* **71**.

10

Sapristi, vous venez d'être frappé par la foudre ! Ou plutôt, vous avez été traversé par un Eclair de Doigt de Feu émanant de la porte que vous venez de toucher. Porte qui demeure néanmoins étroitement fermée.

Ce léger incident vous a coûté 10 POINTS DE VIE. *S'il a mis fin à votre brillante destinée, rendez-vous au* **14**. *Sinon, vous pouvez soit essayer d'ouvrir la porte de gauche au* **5**, *soit les deux portes simultanément au* **15**. *Vous pouvez par ailleurs sortir de la salle, auquel cas vous avez le choix entre essayer une autre entrée au* **7**, *au* **17** *ou au* **22**, *ou revenir sur vos pas au* **47**.

11

La tête de gargouille vous sourit.
— Entrez, dit-elle.

Quel étrange marteau de porte ! Si vous en avez toujours envie, vous pouvez tenter de tourner la poignée au **30**. *Ou essayer une autre entrée au* **7**, *au* **17** *ou au* **22**. *Ou même revenir par où vous êtes arrivé au* **47**.

12

La chance vous a souri cette fois, Pip : vous n'avez pas découvert une porte secrète, mais *trois* en réalité ! Deux d'entre elles donnent accès à d'étroits tunnels, dont l'un est orienté vers le sud-ouest, l'autre vers le sud-est. La troisième ouvre sur un corridor plus large orienté vers l'est.

Le tunnel sud-ouest conduit au **53**. *Le tunnel sud-est au* **33**. *On peut entrer dans le corridor est au* **18**.

13

Voilà qui est bien déconcertant. Vous avancez vers l'ouest le long de la petite route depuis près d'une heure et le donjon ne se rapproche pas pour autant. (Il ne s'éloigne pas non plus, ce qui est plutôt une bonne nouvelle.) Vous auriez dû y arriver en cinq minutes au plus. Que se passe-t-il donc ?

Comment le savoir ? De toute façon, il vous faut décider si vous allez continuer vers l'ouest au **77** *ou revenir en arrière au* **47**.

14

Eh bien, ça y est ! Occis une fois de plus. Voilà Pip mort. Un cas extrêmement grave de rigidité cadavérique galopante. Mais cessez donc de vous attendrir sur vous-même ; relevez-vous d'un bond avant d'être complètement raide et calculez de nouveau vos POINTS DE VIE. Cela fait, vous pouvez décider si vous allez retourner au paragraphe que vous venez de quitter ou recommencer toute votre aventure à zéro. Les deux solutions présentent des avantages et des inconvénients, alors réfléchissez bien.
Quelle que soit votre décision, vous devez tout d'abord inscrire votre infortuné trépas au Décémètre, page 182. A la fin de votre aventure, cela vous permettra de comparer vos résultats avec ceux de vos amis qui font de si pitoyables efforts pour pro-

gresser dans cette aventure, que cela en deviendrait presque risible... si vous-même n'étiez pas au **14** !

15

Nom d'un pétard, le toit s'effondre !

Quand vous réussissez enfin à émerger du tunnel que vous venez de creuser pour vous sortir de cette fâcheuse situation, c'est pour constater qu'il vous a amené droit au **14**.

16

Vous voilà de nouveau dehors ! A côté de la quatrième entrée du caveau, pour être exact.

Dans lequel vous allez devoir pénétrer à nouveau, en vous rendant au **51**, au **7**, au **17** ou au **22**.

17

Le sinistre corridor se prolonge vers le nord sur une courte distance seulement avant d'aboutir à une porte. Une plaque apposée sur le panneau déclare :

LA MORT RODE DERRIÈRE CE PORTAIL

Ce qui, il faut le reconnaître, est une étrange façon de souhaiter la bienvenue.

Si vous estimez que ce message relève seulement de la guerre psychologique, vous pouvez tenter d'ouvrir la porte au **62**. *Par ailleurs, vous êtes parfaitement libre de filer en vitesse et d'essayer une autre entrée (***7**, **22** *ou* **51***) ou même de revenir sur vos pas au* **47**.

18

Le corridor se poursuit en direction de l'est sur une bonne distance avant de bifurquer brusquement vers le sud, aboutissant à une impressionnante porte à double battant.

Que vous pouvez essayer d'ouvrir au **25**, *bien que vous soyez libre, bien entendu, de retourner au* **62** *pour y faire un nouveau choix.*

19

Vous êtes en train de couler ! Vous luttez avec fureur. Vous appelez à l'aide avec courage. Vous sombrez avec célérité.

Jusqu'au **14**.

20

Vling !
Oh, non ! A peine avez-vous touché la poignée de la porte à double battant, qu'un autre épieu hérissé de pointes meurtrières, projeté par un ressort, vous transperce à la hauteur du plexus solaire.

Lorsque vous aurez enfin réussi à arracher l'arme de votre chair frémissante et pansé tant bien que mal votre blessure, qui s'est aggravée, vous aurez perdu un double lancer de POINTS DE VIE. *Si cet accident vous est fatal, rendez-vous au* **14**. *Sinon, vous avez le choix entre retourner au* **62** *pour étudier de nouveau les possibilités qui vous sont offertes ou (Brrr !) essayer de nouveau d'ouvrir la porte à double battant au* **32**.

21

En les examinant de plus près, vous constatez qu'il ne s'agit pas de portraits de Nains géants, mais de quelques-uns des ancêtres de Grott le Gredin. Une petite plaque clouée dans le bas du cadre identifie chacun des sept personnages présents. Qui sont :

Doublecroc le Terrible *(père de Grott)*
Mémé Gratouillette *(grand-mère de Grott)*
Boris Torboyard *(grand-oncle de Grott)*
Le révérend Lancelot Ding-Dong *(ami intime de la mère de Grott)*
Madame Sapotroux-Sanfond *(arrière-grand-mère de Grott)*
Tafia Sombregnôle *(arrière-grand-père de Grott)*
Aaron Lurleur O'Carina *(cousin par alliance de Grott, deux fois emporté par les croquemorts)*.

Et ils ont vraiment tous des mines patibulaires.

Ce qui ne vous avance guère. Revenez donc au **32** *afin de procéder à un nouveau choix.*

22

Pénétrant hardiment dans la salle, vous vous dirigez à pas circonspects vers la double porte au nord. De plus près, vous constatez que les poignées ont été

attachées ensemble par des cordes reliées par un cachet de cire portant en empreinte, un signe mystique. Un petit rouleau de parchemin est suspendu au sceau. Vous le prenez avec précaution et le déroulez. Un message, tracé d'une écriture en pattes de mouches qui évoque assez celle de Merlin, déclare :

« Les scellés ont été mis sur ces portes pour vous protéger. Toute tentative pour les ouvrir risque d'entraîner pour vous de graves ennuis, voire la mort. Je vous prie de sortir d'ici sans provoquer de désordre. »

Signé : Grott le Gredin.

Intéressant. Cela signifie-t-il que Grott n'est pas mort, tout compte fait ? S'il est aussi excentrique que Merlin, il se peut qu'il habite d'étranges endroits. Quoi qu'il en soit, comment allez-vous réagir au message ? Si vous acceptez de suivre ses instructions, vous pouvez encore essayer les autres entrées au **7**, *au* **17** *et au* **51** *(ou même revenir sur vos pas jusqu'au* **47***). Mais vous pouvez parfaitement décider d'utiliser cette chère E. J. pour couper la corde, ce qui vous permettra de franchir crânement la porte à double battant au* **80**.

23

Vous vous trouvez dans une immense salle, dont il vous est impossible d'apercevoir les limites, qui semble avoir été tapissée, sol et plafond compris, d'une sorte de pellicule métallique bleue. Un corridor s'ouvre en direction de l'est.

Le corridor est vous conduira au **58**. *Mais peut-être existe-t-il en ce lieu une porte secrète ?... Que vous pouvez chercher en vous rendant au* **72**.

24

Bang

— Aïe !

Cette décision stupide vient de vous coûter 15 POINTS DE VIE. *Si cette perte vous est fatale, rendez-vous au* **14**. *Sinon, vous pouvez retourner au* **44**, *en vous frottant le crâne, pour faire un nouveau choix.*

25

Les portes s'ouvrent facilement sur une grande pièce haute de plafond dont les murs s'évasent vers le sud. Dans le mur sud, vous remarquez une nouvelle porte, qui paraît verrouillée.

Mais que l'on peut ouvrir peut-être au **16**, *la seule possibilité qui vous soit offerte ici puisque les portes par lesquelles vous êtes entré se sont refermées derrière vous et ne se réouvriront pas.*

26

Vraiment, tout ceci ne tient pas debout. D'après cette carte, le donjon situé à l'ouest à l'extrémité du promontoire est un faux donjon (ce que cela signifie, mystère !), alors qu'en faisant route vers le nord ou l'est, on court droit à sa perte en aboutissant à des endroits aux noms particulièrement évocateurs : la Forêt des Etranglés et le Marais de la Dernière Tasse.

Mais le plus étrange, d'après ce document, c'est que Grott est mort. Ou, s'il ne l'est pas, il le sera bientôt puisqu'on l'a enterré — sa tombe est clairement

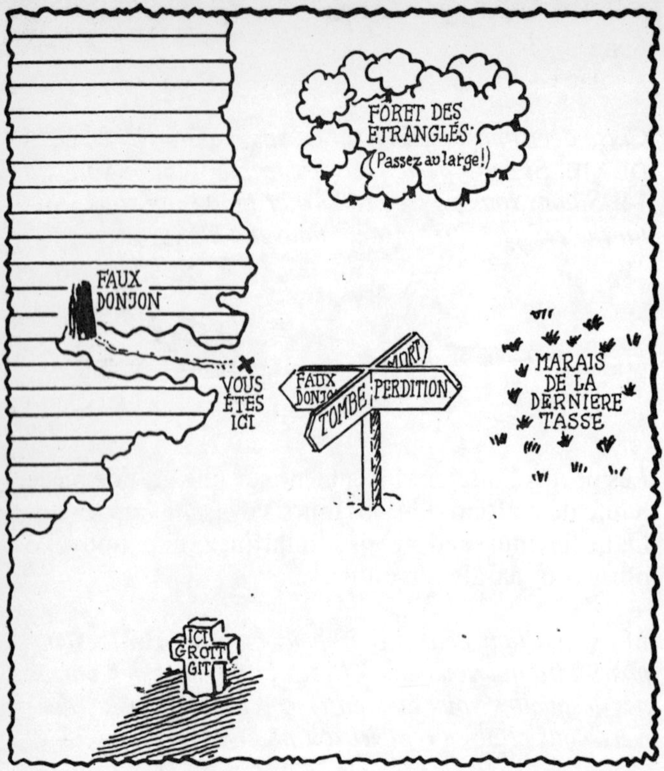

indiquée sur la carte. Tout cela n'a aucun sens, après ce que vous a dit Merlin ; mais de toute façon, il va vous falloir prendre des décisions.

Et l'endroit où les prendre est le **47**.

27

Ces scènes, rendues avec beaucoup de talent compte tenu de la délicatesse du sujet, indiquent une obsession maladive pour les caveaux, les tombes béantes, les cadavres en putréfaction et ainsi de suite. Plusieurs sont accompagnées d'une inscription sous forme de diptyque, telle celle-ci, tout à fait typique :

« Ci-gît Scat qui mangea son pur-sang.
Il en est mort, évidemment. »

Puisque maintenant vous savez ce qu'est un diptyque, revenez vite au **32** pour faire un nouveau choix.

28

Drôle d'odeur par ici, Pip : un mélange de pourriture et de...
De gaz !
Vite, retenez votre souffle ! Non, trop tard, vous avez déjà respiré de ce gaz, sinon vous ne l'auriez pas senti.

Lancez deux dés. Si vous faites moins de 7, le gaz vous asphyxie, auquel cas vous gagnez le **14** *en toussant comme un perdu. Si vous faites plus de 6, vous pouvez en titubant revenir au* **43**, *ou partir vers l'est le long du couloir qui aboutit à une porte. Rendez-vous au* **66**.

29

Vous venez de pénétrer dans une pièce de trois mètres sur trois, avec une porte dans le mur sud. De part et d'autre de la porte, deux Zombis, nonchalamment appuyés contre le mur, les jambes croisées aux chevilles, se curent les dents.
— Vous allez quelque part ? demande l'un d'eux, avec un mince sourire.

Pas de réponse à ça, Pip, sinon peut-être un direct en pleine figure. Ce qui pourra être indispensable, puisque les deux Zombis vous attaquent maintenant avec toute la férocité dont sont capables les cadavres vivants (qui ont en général un caractère de cochon).

Chacun dispose de 25 POINTS DE VIE, *frappe avec un 6 en infligeant 2 Points de Dommage supplémentaires, les Zombis étant un peu plus jeunes que les Momies et par conséquent en meilleure forme physique. S'il réussit à sortir un 12, le Zombi en question vous contaminera en vous affligeant d'une pourriture galopante qui drainera vos* POINTS DE VIE *au rythme de 3 (en plus des Points de Dommage) par Assaut puis, à chaque paragraphe auquel vous vous rendrez, jusqu'à ce que vous avaliez une lampée de Potion Curative (ce que vous ne pouvez faire au cours d'un combat, bien entendu.) Si vous survivez à cette rencontre, rendez-vous au* **34**. *Sinon, en route pour le* **14**.

30

Vous tournez la poignée de la porte, qui s'ouvre facilement, donnant accès à une grande pièce vide dont les murs est et ouest s'incurvent vers l'intérieur en direction du nord. Au milieu du mur nord, qui vous fait face, vous apercevez deux portes à double battant aux montants de cuivre. Vous avancez dans leur direction, puis vous hésitez.

Et c'est bien normal. Vous avez le choix entre essayer d'ouvrir la porte de gauche au **5**, *ou la porte de droite au* **10**, *ou les deux ensemble au* **15**. *Vous pouvez aussi, bien entendu, faire un pied de nez aux portes (c'est une image) et quitter ce lieu pour essayer une autre entrée au* **7**, *au* **17** *ou au* **22** *; ou même revenir sur vos pas jusqu'au* **47**.

31

Cet arbre a un aspect bien étrange... S'il s'agit d'un arbre. Il est vert, certes, comme un arbre. Et d'ailleurs, à y bien réfléchir c'est à peu près le seul point de ressemblance qu'il possède avec un arbre. Combien d'arbres avez-vous déjà vus avec deux bras,

29 *Deux Zombis, nonchalamment appuyés contre le mur, se curent les dents.*

deux jambes et des dents ? Cette chose ressemble plutôt à un homme, la couleur mise à part. Et la queue, bien entendu. Un homme, d'ailleurs, ne pourrait pas se déplacer ainsi, filant à toute vitesse sur quatre pattes. Mais en même temps...

Vous êtes encore en train de vous poser des questions lorsque l'Homme-Lézard vous attaque en lançant son cri suraigu, typique de son espèce, et qui souvent amène d'autres créatures de sa race à la rescousse. Lancez un dé pour savoir combien de ses congénères vont venir l'aider à vous massacrer. Chacun d'eux, y compris le premier, dispose de 15 POINTS DE VIE, *porte un coup avec un 6 et inflige 3 Points de Dommage supplémentaires avec ses crocs et ses griffes. Si l'un d'eux sort un double 6 au cours du combat, vous serez également empoisonné, ce qui vous vaudra de perdre automatiquement 3* POINTS DE VIE *à chaque Assaut pendant toute la suite du combat. Si l'Homme-Lézard a raison de vous, rendez-vous au* **14**. *Si vous survivez, vous pouvez, chancelant, meurtri et sanglant, regagner le* **47**.

32

Bing !

C'est le bruit du piège à ressort installé derrière la porte à double battant, inoffensif maintenant, fort heureusement, puisqu'il n'y a plus d'épieu. Vous franchissez le seuil et les portes se referment d'elles-mêmes silencieusement derrière vous. Vous pivotez sur vous-même et vous essayez désespérément de les ouvrir, mais sans succès ; de toute évidence, vous êtes pris au piège, peut-être à jamais, dans ce...

Vous vous retournez pour savoir où vous vous trouvez exactement (emprisonné à jamais) et vous découvrez que vous êtes entré dans une longue galerie faiblement éclairée orientée nord-sud. Le long du mur de droite sont accrochés sept portraits grandeur nature de Nains géants, semble-t-il. Le long du mur de gauche sont accrochés des tableaux à l'huile représentant des cimetières. A l'extrémité nord de la galerie se profile une voûte sombre au-delà de laquelle vous ne pouvez rien voir. Et voici un détail intéressant : dans l'angle sud-est est posé un vieux sac ayant sans doute appartenu à un vieil aventurier dont les vieux os ne sont certainement plus qu'une vieille histoire. A l'intérieur se trouve une bouteille à moitié pleine de Potion Curative, l'équivalent de trois doses, dont chacune vous redonnera un double lancer de dés de POINTS DE VIE. Celui qui a oublié là son sac vous a fait un beau cadeau, Pip !

Si vous désirez examiner les portraits de plus près, rendez-vous au **21**. *Si vous voulez vous attarder devant les peintures de cimetières (il faut de tout pour faire un monde n'est-ce-pas ?), rendez-vous au* **27**. *Vous pouvez sonder le mur de droite à la recherche de portes secrètes au* **38**, *ou le mur de gauche au* **50**. *Et si l'envie vous prend de regarder cette voûte sombre de plus près, rendez-vous au* **69**.

33

Le tunnel continue en direction du sud-est sur une courte distance seulement, avant d'aboutir à une porte à sens unique. Quand vous en franchissez le seuil, vous vous retrouvez dans une grande salle ; ouverte à l'air libre vers le sud, et comportant une porte à double battant dans le mur nord.

Un simple coup d'œil vous apprend qu'en partant vers le sud, vous vous retrouverez à votre point de départ. Si vous décidez de faire ainsi, vous pouvez vous diriger vers une autre entrée au **7**, *au* **17** *et au* **51** *(ou même revenir sur vos pas jusqu'au* **47**). *Mais vous pouvez également choisir d'ouvrir la porte à double battant au* **80**.

34

Ayant fouillé les Zombis, vous ne découvrez rien qui présente un grand intérêt, si ce n'est un bout de parchemin. Sur un côté figurent les dernières volontés et le testament de quelqu'un dont on a déchiré le nom, alors que sur l'autre ont été griffonnés quelques abominables vers de mirliton :

« Si échouer vous deviez,
Et que sous grêle et pluie vous vous retrouviez
Peut-être bien
L'idée me vient
Que fourvoyé vous vous seriez. »

Eh bien ! Vous en venez presque à regretter le **14**... *Si vous voulez revenir sur vos pas, il vous faudra affronter le gaz au* **28**. *Pour franchir courageusement la porte du mur sud, gardez votre épée à la main, et rendez-vous au* **41**.

35

Dans la poche de la cape d'un des Vampires, vous trouvez toute une bouteille de Potion Curative rouge vif. (Un peu étrange, aussi bien au goût qu'à la vue, mais efficace : six doses, chacune redonnant un double lancer de POINTS DE VIE.) Dans la poche de l'autre, vous découvrez une clef d'argent.
Vous décidez que ce doit être la clef de la porte du mur est, mais, après vérification, vous découvrez que la porte n'est pas verrouillée.

Si vous voulez revenir sur vos pas, il vous faudra

affronter le gaz au **28**. *Pour franchir courageusement la porte du mur sud, il vous faut vous rendre, l'épée toujours au poing, au* **55**.

36

La route tournicote dans tous les sens de façon inquiétante, revenant parfois carrément en arrière, si bien que vous finissez par ne plus savoir dans quelle direction vous avancez. Pendant un certain temps, il vous semble que vous progressez vers le sud, comme c'était le cas au début puis, de toute évidence, vous avancez vers l'est, puis vers le sud-ouest, puis vers l'est de nouveau, puis vers le nord-est.

Par bonheur, avant d'avoir sombré dans la plus totale confusion, votre œil de lynx repère un poteau indicateur. Un bras tendu vers le nord est pointé sur une falaise rocheuse. Et sur le bras, en lettres gothiques, est inscrit :

CAVEAU DE GROTT

Un Caveau ? Grott ne peut pas être mort ! Sinon, comment allez-vous récupérer l'argent de Merlin ? Merlin lui-même ne peut essayer de faire de vous un pilleur de tombe ! Encore qu'on ne sache jamais, à vrai dire. Les sourcils froncés, vous passez devant la pancarte, vous dirigeant vers la falaise. La masse de rocher semble avoir été aménagée dans le passé. Des tunnels et des galeries y ont été creusés. Beaucoup sont maintenant bloqués par des éboulis de pierres ou sont impénétrables tant ils sont envahis de ronces, mais un examen plus approfondi vous permet de découvrir quatre entrées qui seraient en fait accessibles.

La première est une large galerie au sol dallé qui, après s'être enfoncée sur une bonne dizaine de mètres, se termine en cul-de-sac. La deuxième

est une étroite galerie sans lumière au bout de laquelle vous distinguez vaguement une porte fermée. La troisième, plus large, forme presque une salle et, à son extrémité nord, une porte à double battant, fermée, est parfaitement visible. La quatrième est une simple porte, scellée dans la falaise et étroitement fermée, si bien qu'il est impossible de savoir ce qui se trouve au-delà.
— Qu'est-ce que tu vas faire ? demande E.J., curieuse.

Excellente question. Vous pouvez toujours revenir en arrière, ce qui finirait par vous ramener au **47**. *Mais si vous voulez élucider cette histoire de Caveau de Grott, vous pouvez vous diriger vers la première entrée au* **7**, *vers la deuxième au* **17**, *vers la troisième au* **22** *ou vers la quatrième au* **51**.

37

C'était déjà vraiment déplaisant — en fait, c'est maintenant encore plus déplaisant : depuis que vous les avez trucidées, les Vertes Momies Hurlantes dégagent une odeur encore plus nauséabonde qu'avant. Une bonne nouvelle, néanmoins : l'une d'elles avait sur elle un pot d'Onguent Curatif, contenant une quantité suffisante pour cinq applications, chacune d'elles vous redonnant 5 POINTS DE VIE.

Si vous voulez une fois de plus revenir sur vos pas, il vous faudra affronter de nouveau le gaz au **28**. *Pour franchir courageusement la porte du mur est, il vous faut vous rendre, l'épée au poing, au* **29**.

38

Un coup de chance, Pip. En soulevant le portrait d'un bossu louchon (qui, d'après une petite plaque

36 *Quatre entrées du Caveau sont accessibles.*

au bas du cadre, est un certain Tafia Sombregnôle, arrière-grand-père de Grott), vous découvrez un étroit corridor filant vers l'est.

Si vous voulez savoir où mène ce corridor, rendez-vous au **43**. *Sinon, vous feriez bien de choisir une autre solution au* **32**.

39

Si vous prenez le temps de dépouiller le Dragon, vous pouvez utiliser sa peau pour vous fabriquer un pourpoint qui vous permettra de soustraire 5 Points de Dommage de tous ceux qui vous seront infligés dans n'importe quelle future aventure. Car pour le moment vous avez bien autre chose à faire que de vous lancer dans des travaux de couture, travail long et minutieux que vous ne pourrez entreprendre que lorsque l'aventure actuelle sera terminée. Ce qui ne saurait tarder maintenant, dirait-on ! Vous vous élancez vers la porte nord... pour constater qu'elle est fermée à clef.

Si par hasard vous possédez une clef d'argent, rendez-vous au **42**. *Sinon, vous pouvez seulement revenir sur vos pas, ce qui, malheureusement, risque de vous exposer aux méfaits du gaz au* **28**.

40

La route se rétrécit alors que la forêt devient de plus en plus dense. La lumière décroît et les lianes des viornes ondulent vraiment maintenant ; une sourde inquiétude commence à vous gagner.
— Je trouve qu'on devrait faire demi-tour ! dit E.J. d'une voix neutre.
Et pour une fois, vous êtes en tout point d'accord avec elle. Mais lorsque vous tournez les talons

pour suivre son conseil, vous constatez que ces arbres couverts de lianes et de mousse se sont déplacés pour obstruer la route derrière vous. D'instinct, vous portez la main à E.J., comme toujours en cas de danger. Mais sans même vous laisser dégainer, une liane s'entortille autour de votre cou.

Et se resserre. Vous pouvez reprendre votre souffle au **14**.

41

Vous venez d'entrer dans une pièce de trois mètres sur trois, avec une porte dans le mur est encadrée par deux cerceuils d'où se lèvent deux sinistres personnages aux longues canines pointues. Ils portent un habit noir et une cape. Et vous êtes totalement dépourvu de la moindre gousse d'ail !...

Chaque Vampire possède 22 POINTS DE VIE, *porte un coup avec un 5, et inflige 3 Points de Dommage supplémentaires avec ses canines. Si l'un ou l'autre sort un 12, vous-même deviendrez momentanément un Vampire pendant un Assaut. Ce qui fait que vous essayerez de mordre votre propre gorge au lieu d'attaquer. Ces contorsions vous coûteront 5* POINTS DE VIE. *Si vous sortez vainqueur de cette rencontre, rendez-vous au* **35**. *Sinon, vous pouvez toujours aller arracher les dents plantées dans votre gorge au* **14**.

42

Vous glissez la clef avec soin dans la serrure. Vous essayez de la tourner avec précaution.
Elle ne tourne pas ! Ce n'est pas la bonne clef ! Poussant un cri d'angoisse, vous donnez un violent coup de tête dans la porte. Puis, vous ressaisissant, vous essayez de tourner la clef dans l'autre sens. La porte s'ouvre...

Ce qui vous permet de jeter un coup d'œil dans la salle au trésor et de voir l'incroyable spectacle qui s'offre au **64**.

43

Vous êtes dans un couloir orienté est-ouest (ou ouest-est, si vous préférez) qui aboutit à l'est au sommet d'un escalier de pierre, et à l'ouest à une porte.

Vous avez le choix entre descendre les marches, ce qui vous mènera au **28**, *et ouvrir la porte ouest au* **58**.

44

Avec un grondement terrifiant, une énorme dalle de pierre coulisse à partir de l'un des murs latéraux, pour bloquer complètement l'entrée sud du corridor. Vous vous retrouvez dans une totale obscurité, vous demandant ce que vous allez faire maintenant.

Le choix est limité, pourrait-on ajouter. Vous pouvez tenter de vous jeter tête baissée contre la dalle de pierre, auquel cas rendez-vous au **14**. *Ou vous pouvez attendre patiemment d'être mort de faim, ce qui vous conduira lentement au* **14**. *Ou, enfin, remettre le levier dans la position où vous l'aviez trouvé (ce qu'E.J.*

44 *Avec un grondement terrifiant, une dalle de pierre coulisse et bloque l'entrée du corridor.*

considère comme une solution beaucoup trop facile) au **68**.

45

— Quoi ? s'exclame Merlin. Déjà de retour ?
Il lance un coup d'œil brillant de convoitise sur la brouette débordante et, d'un geste nonchalant, rafle une Pièce d'Or sur le point d'en tomber.
— Simple comme bonjour, déclarez-vous, avec un large sourire. Une petite aventure banale et ennuyeuse, cet argent à récupérer ; comme vous l'aviez prévu. J'ai tout de même rencontré un Dragon, avant de trouver l'or. Mais je...
Vous hésitez soudain, ayant remarqué l'expression de Merlin qui vient de donner un coup de dent dans la Pièce d'Or pour en vérifier l'authenticité.
— Qu'est-ce qu'il y a ? demandez-vous.
— Ce n'est pas de l'or ! hurle Merlin. C'est du chocolat enveloppé de papier doré !
Il bondit vers la brouette, sa robe voletant derrière lui, et commence à fouiller frénétiquement dedans.
— Encore du chocolat ! Et des berlingots peints en argent ! Et des pierres précieuses en sucre candi ! Tu t'es fait rouler dans la farine, Pip ! Le tout ne vaudrait pas plus d'une Pièce d'Or et demie au Marché de Glastonbury !
Terrassé par l'énormité de la chose, l'écume lui vient aux lèvres ; certes, à cause de son angoisse, mais surtout parce que, éternel distrait, il s'est bourré la bouche de berlingots.
— Dumkpff ! hurle-t-il, retombant un instant dans son patois gallois. Grott le Gredin t'a emmené en balançoire !
Il se met à agiter les mains avec des gestes frénétiques en marmonnant dans sa barbe de terribles sortilèges.

— Dites donc, qu'est-ce que vous faites ? vous écriez-vous soudain, pris d'inquiétude.
— Je te renvoie là-bas, bien sûr ! glapit Merlin, furieux. Je veux mon argent !

Là-dessus, un coup de tonnerre silencieux vous ramène à travers le temps et l'espace jusqu'au **36**.

46

La porte (qui se révèle être à sens unique après s'être refermée automatiquement derrière vous) donne accès à l'extrémité est d'un corridor orienté est-ouest.

Qui aboutit, à l'ouest, à une porte que vous pouvez ouvrir au **52**. *A son côté retrouver le sommet d'un étroit escalier menant à un couloir. Si vous décidez de suivre le couloir, rendez-vous au* **25** *pour essayer d'ouvrir la double porte qui se trouve à son extrémité ouest.*

47

Le trajet n'a pas duré longtemps. Vous vous trouvez devant le promontoire rocheux qui conduit au donjon en pierre de Grott le Gredin. La petite route bien entretenue que vous aviez remarquée de loin semble encore en meilleur état vue de près : très bien goudronnée pour un endroit aussi sauvage. Elle file tout droit vers l'ouest jusqu'au donjon lui-même.

Si vous vous dirigez vers l'ouest, vous aboutirez au **13** *; vers l'est, à l'intérieur des terres, au* **56**. *Vous pouvez également suivre la côte vers le sud au* **36**, *ou vers le nord au* **65**.

48

Pour l'instant, tout va bien. Vous avancez le long d'un obscur corridor se dirigeant vers le nord, qui aboutit, au bout de peu de temps, à une intersection.

Vous pouvez vous engager dans le corridor de gauche, orienté nord-ouest (rendez-vous au **54***), dans celui de droite, orienté nord-est (rendez-vous au* **63***), ou dans celui qui vous fait face (rendez-vous au* **73***). Mais il est encore temps de faire demi-tour en direction de la voûte (rendez-vous au* **82***).*

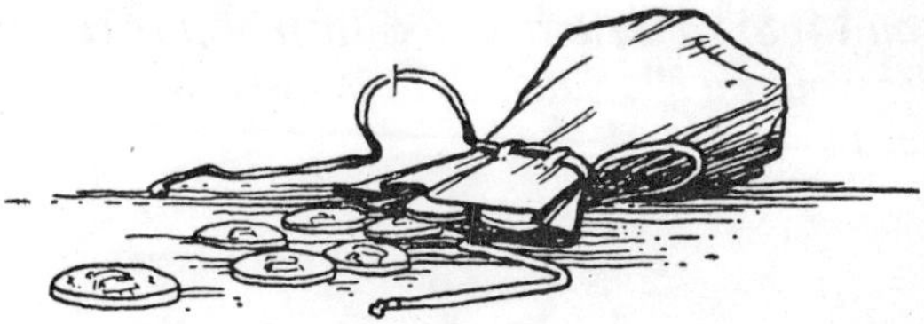

49

Vous venez d'entrer dans une pièce de trois mètres sur trois, comportant une porte dans le mur est. Malheureusement, ce n'est pas tout. Plusieurs dalles ont été enlevées au milieu de la salle et un trou d'un mètre quatre-vingts sur un mètre a été creusé dans le sol. A l'une des extrémités de ce trou se dresse une pierre tombale et, si vous ne vous trouviez pas dans une pièce souterraine, vous pourriez jurer que cette fosse est en fait une tombe.

Une tombe béante. Mais commc, bicn entendu, ça ne peut pas être une tombe béante, vous avancez courageusement d'un pas, hésitant seulement lorsque, de cette tombe béante, (de ce trou ! c'est simplement un trou profond, creusé peut-être par des mineurs) sortent deux corps en putréfaction, d'une hideuse couleur verdâtre. Ils vous regardent et se mettent à hurler.

Ce qui peut vous donner une idée de l'aspect terrifiant qui est le vôtre en ce moment, à moins que vous ne soyez tombé sur deux Vertes Momies Hurlantes, souvent utilisées par les sorciers pour garder des objets précieux ou de l'or. Chaque Momie possède 25 POINTS DE VIE, *et porte un coup avec un 5. Le coup n'inflige que les Points de Dommage indiqués par les dés, mais si l'une ou l'autre Momie sort un 12, cela indique qu'elle a poussé un cri terrifiant qui va vous glacer le cerveau et vous expédier, sourd comme un pot, au* **14**. *Si vous survivez à cette macabre rencontre, rendez-vous au* **37**. *Sinon, vous pouvez aller vous reposer au* **14**.

50

Comme c'est intéressant ! Une section du mur a coulissé, comme dans un très vieux (et très mauvais) film d'horreur, donnant accès à un corridor orienté vers l'ouest.

Cap à l'ouest au **67**, *et vous verrez où aboutit le corridor. Mais si vous préférez en remettre l'exploration à plus tard, vous pouvez toujours examiner les portraits de plus près au* **21**, *vous attarder devant les cimetières au* **27**, *palper le mur de droite à la recherche de portes secrètes au* **38**, *ou aller voir de plus près cette voûte sombre au* **69**.

51

Vous hésitez. Au-dessus de la poignée de la porte se trouve un gros marteau en fer forgé en forme de gargouille.

Estimez-vous devoir frapper au **11** *ou simplement essayer de tourner la poignée au* **30** *?*

51 *Au-dessus de la poignée se trouve un marteau en forme de gargouille.*

52

Vous ouvrez la porte et vous avancez, écrasant sous vos bottes les débris d'ossements qui jonchent le sol. Vous vous trouvez dans une chambre hexagonale haute de plafond, au sol dallé et aux murs en pierres de taille. L'atmosphère est sèche, confinée, et il règne un silence de mort. (Image tout à fait appropriée.) Une porte à double battant est encastrée dans le mur nord.

Vous pouvez (espérons-le) ouvrir cette porte à double battant au **6**. *Mais dans un endroit comme celui-ci, il serait peut-être bon de vous mettre à la recherche de passages secrets, ce que vous pouvez faire au* **12**.

53

Le passage secret aboutit à une porte à sens unique qui vous donne accès à une galerie orientée nord-sud. La lumière du jour filtre du sud, alors qu'au nord, le passage bute brusquement sur un mur. Dans ce mur, néanmoins, vous remarquez un petit levier.

Que vous pouvez, bien sûr, être tenté d'abaisser. Si vous en décidez ainsi, rendez-vous au **44**. *Si vous préférez voir l'origine de cette lumière en vous dirigeant vers le sud, rendez-vous au* **8**.

54

Vous venez d'arriver dans une vaste pièce carrée (neuf mètres sur neuf) comportant une porte au milieu du mur ouest, une autre à l'extrémité nord du mur est et deux autres aux extrémités est et ouest du mur sud. La pièce est vide, à l'exception d'un petit tas de poudre noire posée au milieu du sol.

Si vous voulez examiner cette poussière de plus près, rendez-vous au **70**. *La porte dans le mur ouest mène au* **57**. *Vous pouvez ouvrir la porte dans le mur est au* **61**. *La porte est dans le mur sud conduit au* **48**, *tandis que la porte ouest de ce même mur vous mènera au* **75**.

55

Eh bien, au moins, pour une fois, la pièce dans laquelle vous venez de pénétrer ne fait pas trois mètres sur trois. Elle est, en fait, beaucoup plus grande, et vide ; à l'exception d'une série de gigantesques perchoirs à oiseaux accrochés au plafond. Une porte est encastrée dans le mur nord. Votre attention est aussitôt attirée par elle car, au-dessus, une pancarte bien visible annonce :

SALLE DU TRÉSOR DE GROTT
DÉFENSE D'ENTRER
LES CONTREVENANTS SERONT DÉVORÉS

Vous avez gagné, Pip ! Vous avez découvert la Salle du Trésor ! Un butin d'une richesse au-delà des plus fous rêves de Merlin vous attend juste derrière cette porte ! Ivre de joie, vous vous ruez en avant, oubliant d'examiner ces fichus perchoirs à oiseaux...

Ce qui est une erreur, car sur l'un d'eux est posé un Dragon. Cette créature possède 45 POINTS DE VIE, *porte un coup avec un 4, et inflige 3 Points de Dommage supplémentaires. Pis encore, il soufflera un jet de flammes s'il fait plus de 9, infligeant 10 Points de Dommage supplémentaires. Il y a bien des chances pour que vous mettiez le cap sur le* **14**, *mais si vous vous sortez de là vivant, vous pouvez vous rendre au* **39**.

56

Le sol est spongieux sous vos pieds mais, au moins, vous n'êtes plus au milieu d'un désert rocheux. La végétation est plus luxuriante depuis un moment déjà. Elle est même tropicale, en fait. Où a bien pu passer la route que vous suiviez ?

La vie est pleine de questions sans réponse, Pip. Tout en réfléchissant à cet épineux problème, lancez un dé. Si vous faites de 1 à 3, rendez-vous au **19**. *Si vous faites de 4 à 6, rendez-vous au* **31**.

57

La porte ouvre sur un corridor orienté vers l'ouest, et aboutit à une nouvelle porte fermée, mais non verrouillée.

Rendez-vous au **23**.

58

Vous venez d'entrer dans une longue galerie mal éclairée, orientée nord-sud. Sur le mur de droite sont accrochés sept portraits grandeur nature de personnages ressemblant à des Nains géants. Sur le mur de gauche sont accrochés des tableaux à l'huile représentant des cimetières. A l'extrémité nord de la galerie se profile une voûte sombre au-delà de laquelle vous ne pouvez rien distinguer.

Si vous voulez examiner les portraits de plus près, rendez-vous au **21**. *Si vous voulez vous attarder devant les vues de cimetières, rendez-vous au* **27**. *Vous pouvez*

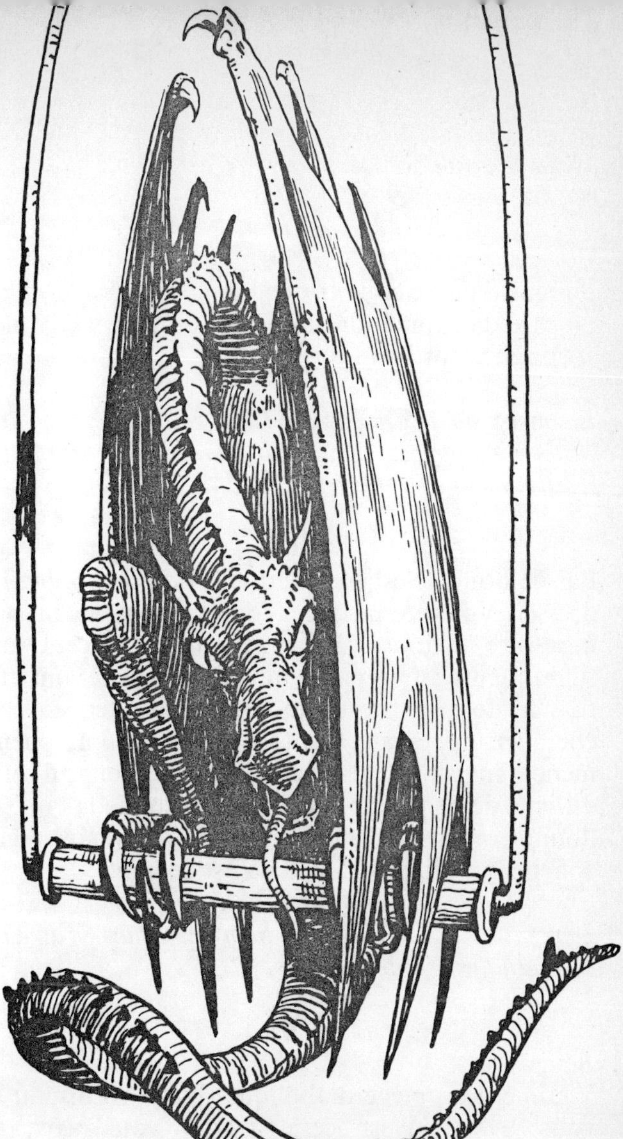

55 *Sur l'un de ces fichus perchoirs est posé...
un Dragon.*

palper le mur de droite à la recherche de portes secrètes au **38**, *ou le mur de gauche au* **50**. *Si l'envie vous prend d'examiner de plus près cette voûte obscure, rendez-vous au* **69**.

59

Il règne dans ce couloir une humidité terrible, ce qui est rare dans un endroit comme celui-là. Le couloir est orienté nord-sud.

Et ouvre sur une pièce au **76**, *à son extrémité nord. Mais vous pouvez également franchir la porte qui se trouve à son extrémité sud au* **54**.

60

Pas de doute, c'est bien là que le donjon *semblait* se dresser. Vous êtes arrivé à l'extrémité même du promontoire, entouré sur trois côtés par cette mer tumultueuse ; mais pas la moindre trace de construction ni de la petite route si bien entretenue. Vous cherchez un peu aux alentours, au cas où un phénomène d'invisibilité se serait produit ici, mais il serait difficile de ne pas repérer un bâtiment de la taille du donjon, même s'il était devenu invisible. Une conclusion s'impose : tout ça est dément.

Dément ou pas, vous feriez bien de retourner au **47** *et de réétudier vos possibilités.*

61

Bang !
Victime d'un piège diabolique, Pip ! A l'instant où vous avez ouvert cette porte, vous avez été transpercé par un épieu (vous l'avez remarqué ? Cette aventure est semée d'épieux), projeté par un puissant ressort. La porte elle-même est fausse, bien

entendu ; derrière se trouvent le piège, et un mur solide. Vous regardez fixement l'épieu qui vous a percé de part en part.

Tant que vous vous contentez de le regarder, parfait. Une fois que vous aurez arraché l'épieu de votre corps (ce que vous serez bien obligé de faire si vous voulez vous rendre où que ce soit) vous constaterez que vous avez perdu deux lancers de dés de POINTS DE VIE. *Si ce piège vous tue, rendez-vous au* **14**. *Sinon, vous pouvez retourner au* **54** *pour faire un nouveau choix.*

62

Crrrrr...

La porte pivote lentement sous votre main... Vous prenez le temps de dégainer E.J. pendant que le panneau est simplement entrebâillé. Puis, courageux, vous l'ouvrez à la volée et bondissez en avant... Pour tomber en plein dans les bras d'un squelette !

Vlan ! Bang ! Pan ! Un coup de pied par-ci ! Un coup de tête par-là ! Vous réagissez, prompt comme l'éclair, vous mettant instantanément en position de combat, l'épée étincelante, les dés s'entrechoquant. Puis, gêné, vous abaissez votre épée, vous rendant compte soudain qu'il ne s'agit pas d'un squelette *animé*, mais des simples restes de quelque autre aventurier depuis longtemps parti vers le **14**. Les os, semble-t-il, ont été reliés ensemble avec du fil de fer et accrochés derrière la porte, en guise d'épouvantail. Vous avancez, écrasant sous vos bottes les débris d'ossements qui jonchent le sol. Vous vous trouvez dans une pièce hexagonale haute de plafond, au sol dallé et aux murs en pierres de taille. L'atmosphère est sèche, confinée, et il règne un silence de mort. (Image tout à fait appropriée.) Une porte à double battant est encastrée dans le mur nord.

Vous pouvez (espérons-le) ouvrir cette porte à double battant au **6**. *Mais dans un endroit comme celui-ci, mieux vaudrait sans doute chercher des passages secrets, ce que vous pouvez faire au* **12**.

63

Le corridor se poursuit en direction du nord-est sur une très longue distance, semble-t-il, puis bifurque vers l'est. Au-delà du tournant, vous apercevez une porte. Entre vous et la porte, il y a un Lézard.

Qui a dû suivre un régime extrêmement fortifiant car, dressé sur ses pattes arrière, il fait bien un mètre vingt de haut. Il ne vous attaque pas, vous pouvez donc sans danger revenir sur vos pas au **48** *et choisir une autre solution. Mais si vous voulez poursuivre votre chemin dans la même direction, il vous faut savoir que cette brute démesurée possède 35* POINTS DE VIE *et que ses griffes infligent 2 Points de Dommage supplémentaires. Le vrai danger, avec ce Lézard, c'est la rapidité avec laquelle il darde sa langue s'il sort un 3, un 6, un 9 ou un 12, vous paralysant pour tout un Assaut. Si le Lézard vous inclut dans son régime fortifiant, rendez-vous au* **14**. *Si vous survivez, vous êtes libre de continuer vers l'est en franchissant la porte au* **78**.

64

Un spectacle à vous couper le souffle ! Incroyable ! Une éblouissante corne d'abondance ! La pièce où vous venez d'entrer regorge à tel point de trésors qu'il y a de quoi en perdre l'esprit. Des coffres remplis d'or et d'argent... des cassettes débordant de pierres précieuses... des étagères chargées d'objets en ivoire... des monceaux de jade... Partout où vos yeux se portent, un butin digne de la rançon d'un

62 *Vous tombez en plein dans les bras d'un squelette !*

roi. Cette fois, vous avez gagné le gros lot, Pip. Il y en a suffisamment ici pour satisfaire Merlin, qui vous donnera peut-être une petite récompense (disons quelques centaines de milliards, histoire de vivre décemment). Il y a même dans un coin une brouette en or massif qui vous permettra d'emporter le tout.

Et surtout, vous avez une fois de plus rempli votre mission. Votre habileté, votre courage et votre intelligence vous ont permis de vaincre tous vos adversaires et vous ont conduit droit au but. Il ne vous reste plus qu'à tout entasser dans la brouette, et à regagner la maison en œuf de Roc de Merlin.

Pour déterminer la valeur des richesses que peut contenir la brouette en or, lancez deux dés dix fois et additionnez les résultats. Maintenant multipliez le chiffre obtenu par un million ; ajoutez cinq cent mille, représentant le prix de la brouette elle-même, et le résultat final équivaut à la valeur de votre butin en Pièces d'Or. Une porte à demi dissimulée dans le mur est ouvre sur un étroit tunnel qui débouche directement à l'air libre, d'où vous pouvez partir en poussant votre brouette jusqu'au **45**, *où Merlin vous attend pour vous exprimer avec effusion une gratitude que vous avez bien méritée.*

65

Cette région n'a pas l'air des plus plaisantes, Pip. La route du nord s'enfonce dans une sombre forêt.

Si vous avez envie de vous aventurer dans une sombre forêt, alors n'hésitez pas à poursuivre votre route en direction du nord (rendez-vous au **9***). Vous pouvez, néanmoins, revenir sur vos pas jusqu'au* **47**.

66

Je crains que vos ennuis ne soient pas terminés, Pip. Le gaz que vous avez respiré vous a endommagé les poumons, vous faisant perdre 15 POINTS DE VIE. *Si le gaz vous asphyxie, rendez-vous au* **14**. *Sinon, vous pouvez revenir au* **43**, *ou franchir la porte au* **49**.

67

Le corridor se poursuit vers l'ouest sur une certaine distance...

... Avant de vous faire déboucher au **23**.

68

Vous remettez donc vivement le levier dans sa position initiale.
— Je ne pense pas que ça va t'avancer à grand-chose, remarque E.J. dans l'obscurité.

Elle a peut-être bien raison. Par ailleurs, la chance peut vous sourire. Lancez deux dés et notez le résultat. Maintenant lancez-les de nouveau. Si le deuxième résultat est supérieur au premier, rendez-vous au **74**. *Sinon, rendez-vous au* **86**.

69

C'est bizarre.
— Qu'est-ce qui est bizarre ? demande E.J., qui a peut-être pris des leçons avec Merlin pour lire dans la pensée.
— Tais-toi, E.J. ! J'essaye de réfléchir.
En réalité, vous essayez d'étouffer l'angoisse qui vous étreint, car la voûte reste toujours obscure, bien que vous teniez la lanterne à bout de bras pour l'éclairer. Il semblerait qu'elle absorbe la lumière.

Quoi qu'il en soit, vous ne pouvez rien distinguer de ce qui peut se trouver au-delà.

Reste à savoir si vous voulez passer sous cette voûte, ce que vous pouvez tenter de faire au **48**. *Par ailleurs, comme il n'y a ici personne qui puisse vous voir vous dégonfler, vous pouvez examiner les portraits de plus près au* **21**, *vous attarder devant les tableaux représentant des cimetières au* **27**, *sonder le mur de droite à la recherche de portes secrètes au* **38**, *ou celui de gauche au* **50**.

70

Ce tas de poussière est assez répugnant, Pip. Il semble composé des cadavres desséchés de milliers (peut-être de millions) d'insectes.

Répugnant ou pas, un aventurier de votre trempe peut avoir parfois envie de prendre son courage à deux mains, de se pincer ensuite le nez et de fouiller dans un tas de poussière au cas où il s'y cacherait quelque chose d'intéressant. Si c'est le cas, vous pouvez le faire au **79**. *Sinon, la porte du mur ouest mène au* **57**, *vous pouvez ouvrir la porte du mur est au* **61**, *la porte est dans le mur sud conduit au* **48**, *tandis que la porte ouest de ce même mur vous conduira au* **75**.

71

Cet endroit était peut-être des plus pittoresques dans le temps, mais il est maintenant en piteux état. La chaumière, ou ce qu'il en reste, est situé dans une clairière de la forêt envahie maintenant par la végétation. Il va falloir vous frayer un passage dans les orties pour arriver jusqu'à la ruine ; mais est-ce que cela en vaut vraiment la peine ? Le toit de chaume s'est en partie effondré, la porte en bois vermoulu pend sur ses gonds et toutes les fenêtres sont brisées.

A vous de décider, néanmoins. Si vous voulez vous aventurer jusqu'à cette chaumière en piteux état, lancez deux dés pour savoir combien de fois vous serez piqué par les orties, multipliez le résultat par deux et déduisez les points obtenus de votre total de POINTS DE VIE. *Si ces piqûres vous tuent, rendez-vous au* **14**. *Sinon, vous pouvez fouiller la ruine au* **83**. *Vous pouvez bien entendu revenir au* **9** *sans risquer d'être piqué par les orties.*

72

Youpie ! Vous en avez trouvé une ! Au beau milieu du mur sud de la pièce. Elle ouvre sur un spacieux corridor orienté plein sud sur environ quinze mètres avant d'aboutir à une porte fermée.

Que vous pouvez essayer d'ouvrir au **46** *; ou ne pas toucher pour revenir à la pièce que vous venez de quitter, au* **23**.

73

Vous continuez courageusement à avancer jusqu'au moment où vous tombez dans une fosse.

— Tu ne pourrais pas regarder où tu mets les pieds ? demande E.J., acerbe, pendant que vous vous en extirpez pour calculer les Dommages subis.

Qui peuvent en fait être très sérieux, voir mortels. La chute même vous coûtera un seul lancer de dés de POINTS DE VIE. *Les pointes fichées dans le sol vous coûteront en plus un double lancer de dés de* POINTS DE VIE. *Le poison dont elles sont enduites vous coûtera encore un double lancer de dés de* POINTS DE VIE. *Si cette chute vous est fatale, rendez-vous au* **14**. *Sinon, vous vous apercevrez que le couloir au-delà de la fosse se termine en cul-de-sac, et vous n'aurez d'autre solution que de retourner en marmonnant au* **48**, *où vous pourrez faire un nouveau choix.*

74

Tiens, tiens ! La dalle est en train de se remettre en place. Ce piège est sûrement le plus stupide qui ait jamais été conçu. De toute façon, comme il ne faut jamais prendre trop de risques dans l'existence, vous vous ruez hors de ce passage pour émerger à l'air frais et sous le soleil, soulagé, le souffle un peu court après cette émotion. Et là, une fois de plus, vous vous trouvez devant les quatre entrées du caveau de Grott le Gredin.

73 *Vous tombez dans une fosse hérissée de pointes acérées.*

La première est une large galerie au sol dallé qui, curieusement, au bout d'une dizaine de mètres, se termine en cul-de-sac. La deuxième est une étroite galerie sans lumière, au bout de laquelle vous distinguez vaguement une porte fermée. La troisième, plus large, forme presque une salle et, à son extrémité nord, une porte à double battant, fermée, est parfaitement visible. La quatrième est une simple porte, scellée dans la falaise et si étroitement fermée, qu'il est impossible de savoir ce qui se trouve au-delà.

Vous avez toujours la possibilité de revenir sur vos pas, ce qui finira par vous ramener au **47**. *Sinon, vous pouvez vous diriger vers la première entrée au* **7**, *la seconde au* **17**, *la troisième au* **22** *ou la quatrième au* **51**.

75

Non, vous ne rêvez pas. Ce corridor est *bien* orienté vers le sud. Mais sa topographie est assez compliquée : alors, Pip, un peu d'attention. Dans le mur ouest s'ouvrent deux nouveaux corridors encadrant une porte. Faisant face au corridor situé le plus au sud — et donc dans le mur est — se trouve une deuxième porte.

Cette dernière porte conduit au **85**. *Vous pouvez explorer le corridor ouest situé le plus au nord au* **100**, *celui qui est situé le plus au sud au* **117** *ou pousser la porte qu'ils entourent au* **150**.

76

Pas étonnant que vous ayez trouvé le corridor humide. Cette pièce est pleine d'eau ! Il y a une porte dans le mur qui vous fait face, mais vous ne pouvez l'atteindre qu'à la nage.

Bien entendu, vous pouvez simplement revenir sur vos pas au **59** *mais, si l'envie vous prend de faire quelques brasses, lancez deux dés. Si vous faites de 2 à 4, rendez-vous au* **81**. *Si vous faites de 5 à 8, rendez-vous au* **92**. *Si vous faites de 9 à 12, rendez-vous au* **107**.

77

Il a disparu. Trois pas de plus en direction de l'ouest, et le donjon s'est tout simplement évanoui ! Vous avez devant vous un promontoire d'où toute trace de construction est absente. Et même cette petite route, que vous admiriez tellement, a disparu elle aussi.

Peut-être êtes-vous victime d'une illusion destinée à sauvegarder cet endroit. Merlin a en effet signalé que Grott faisait partie du Syndicat des Magiciens, ou autre organisation similaire, aussi peut-être a-t-il jeté un sortilège d'invisibilité autour de sa demeure. Si vous voulez toutefois continuer vers l'ouest, faites-le au **60**. *Si vous préférez examiner de nouveau la situation, vous pouvez toujours regagner le* **47**.

78

Vous n'avez pas oublié le Lézard que vous avez tué pour arriver ici, n'est-ce pas ? C'est certainement l'endroit où il vivait. Avec quatre de ses amis.

Chaque Lézard Géant possède 35 POINTS DE VIE *et ses griffes infligent 2 Points de Dommage supplémen-*

taires. Il darde sa langue quand il sort un 3, un 6, un 9 ou un 12, vous paralysant durant un Assaut. Si les Lézards vous tuent, rendez-vous au **14**. *Si vous survivez, vous pouvez examiner la pièce au* **84**.

79

Bon sang, vous voilà collé à un papier attrape-mouches géant. Pas étonnant qu'il y ait autant de cadavres d'insectes par ici. Vous vous débattez (en bourdonnant un peu) mais en vain. Celui qui a fabriqué ce papier attrape-mouches a fait le nécessaire pour s'assurer qu'aucune créature, une fois prise, ne puisse s'en libérer.

Sauf en se rendant au **14**.

80

Boing !

Lorsque vous ouvrez la porte à la volée, vous avez juste le temps d'apercevoir le mur qu'elle cache avant que le mécanisme à ressort qui y est encastré ne projette un épieu qui vous transperce à hauteur du nombril (à supposer que vous en ayez un) pour ressortir dans votre dos de façon alarmante, vous faisant perdre 20 POINTS DE VIE. Au bout de l'épieu est accroché un bout de parchemin sur lequel sont écrits ces mots :

JE VOUS AVAIS PREVENU

Signé : Grott le Gredin

Si cet incident inattendu vous est fatal, rendez-vous au **14**. *Sinon, en imprimant un mouvement tournant à l'épieu, tout en hurlant de douleur, vous réussirez à le retirer de votre corps ; après quoi vous pourrez quitter cet endroit terrifiant, vous précipiter dehors et* *choisir une autre entrée du caveau au* **7**, *au* **17** *ou au* **51**, *ou même revenir sur vos pas jusqu'au* **47**.

81

Vous appelez ça nager ? Disons plutôt que vous pataugez comme un chiot ou que vous barbotez comme un canard. Quoi qu'il en soit, vous avez tout simplement tourné en rond pour revenir à votre point de départ.

Lancez de nouveau deux dés. Si vous faites de 2 à 4, lancez-les de nouveau. Si vous faites de 5 à 8, rendez-vous au **92**. *Si vous faites de 9 à 12, rendez-vous au* **107**.

82

Il se passe quelque chose de louche. Vous aviez mis peu de temps pour atteindre l'intersection ; et vous marchez depuis bientôt une heure dans ce couloir où règne l'obscurité la plus totale, sans avoir vu trace de la voûte que vous avez franchie... Allons bon ! Voilà de la musique maintenant. Ou plus exactement un son de plus en plus aigu qui vous vrille les oreilles. Vous vous mettez à vibrer. Divers atomes de votre corps se désintègrent. Est-il utile de continuer ? Oui, certainement. Vos pieds explosent. Votre tête se contracte et se dilate à la fois. Vous vous mettez à loucher, votre vue se brouille, le monde tournoie autour de vous, l'univers se renverse...

Mais tout redeviendra normal (si tant est que ce mot ait un sens dans l'univers de Merlin) au **14**.

83

Incroyable, n'est-ce pas, à quel point les bâtiments en ruine peuvent sentir mauvais. Celui-ci empeste vraiment : un mélange de moisi, de plâtre pourri et de vieille chaussette. N'étant pas du genre à hésiter à vous salir les mains, toutefois, vous fouillez parmi les débris d'une table dans ce qui devait être autrefois un salon, et vous trouvez un objet qui ressemble à une vieille clef rouillée.

Mais la ressemblance s'arrête là, comme vous le découvrez après l'avoir un peu nettoyée. Car s'il s'agit bien d'une clef, elle est de couleur or (et peut-être même est-elle en or), et d'une forme étrange. Exactement le genre de trouvaille qui pourrait se révéler précieuse au cours d'une aventure. Peut-être. Vous ne trouvez rien d'autre néanmoins, et il ne vous reste donc plus qu'à retourner au **9** *— sans plus être, heureusement, victime des orties, qui se sont épuisées à vous piquer lorsque vous avez traversé la clairière tout à l'heure.*

84

Cette pièce est gigantesque et nue, et pleine de déjections de Lézards Géants. En bref, pas du tout le genre d'endroit que vous choisiriez pour y donner une soirée. Pas d'autre porte à part celle par laquelle vous êtes arrivé.

Vous ne pouvez donc que retourner au **48**, *ou alors (bêrk !) fouiller parmi les déjections de Lézards au cas où un objet intéressant y serait caché (rendez-vous dans ce cas au* **112***).*

85

Flamberge au vent, Pip ! Vous venez de pénétrer dans une crypte en marbre de trois mètres sur trois au milieu de laquelle se trouve dressé un catafalque. Du cercueil qui y est posé se lève une créature d'une pâleur mortelle, affligée de canines pointues, et vêtue d'un habit de soirée et d'une cape. Vous vous immobilisez, pétrifié de terreur ; car les yeux injectés de sang de la créature se tournent lentement vers vous. Les genoux en flanelle, le sang glacé d'effroi, vous vous détournez pour fuir... mais trop tard ! La créature bombe le torse avant de déclamer (ce qui est plus effroyable encore) :

« Est-ce un personnage spectral
(C'est la créature qui parle)
A jamais reclus sous la dalle ?
Est-ce un vampire
Avec son visage de cire,
Cousin de Dracula,
De Vlad qu'on empala ?
Est-ce un fantôme
Ou bien un gnome ?
Sans vouloir faire de rhétorique
Ah ! que je le trouve tragique,
Comme un diable dans l'eau bénite
Ou bien un ogre fait ermite.
Par Jupin, serait-ce un quidam ?
Si c'en est un, que Dieu me damne,
N'en croyez pas les apparences
Cet être frêle qui s'avance,
C'est le beau, le fin, le prophète,
C'est Nosferax le Poète ! »

Personne ne vous en voudrait d'avoir déjà trouvé refuge au **14**. *Mais vous pouvez aussi engager la conversation avec Nosferax au* **137**.

86

Rien ne se passe.
— Je te l'avais bien dit, déclare E.J.

Ce sont les dernières paroles que vous entendrez puisque vous voilà prisonnier dans une totale obscurité, sans espoir de vous évader ; jusqu'au moment où la Mort elle-même viendra vous délivrer pour vous entraîner jusqu'au **14**.

87

Un bloc de pierre coulisse soudain en grinçant. Vous avancez légèrement pour jeter un coup d'œil. La porte secrète s'est ouverte à quinze mètres au-dessus du sol d'une pièce octogonale, dont la partie nord est séparée de la partie sud par un réseau de câbles étroitement tendus. Au-delà des câbles, à l'extrémité nord de la pièce, vous distinguez vaguement un petit autel sur lequel repose une grosse pierre précieuse, étincelant d'une lumière semblant provenir du plus profond d'elle-même. Vous vous laissez tomber, souple comme un chat, et vous vous approchez des câbles avec la plus extrême précaution. Bien que tendus, ils sont suffisamment écartés pour qu'on puisse se glisser au travers. Sinon, il doit être assez facile de les couper à l'aide d'E.J., aiguisée comme un rasoir.

Alors, qu'allez-vous faire : vous faufiler entre deux câbles (rendez-vous au **103***), les couper (rendez-vous au* **130***) ? Vous pouvez aussi dédaigner la pierre précieuse posée sur l'autel et retourner, en rampant dans le passage secret, jusqu'au* **84**.

88

Vous vous trouvez dans un corridor orienté nord-sud qui tourne à angle droit vers l'est à ses deux extrémités.

En vous dirigeant vers le nord et en tournant ensuite à l'est, vous aboutirez au **100**. *En vous dirigeant vers le sud puis en tournant à l'est, vous aboutirez au* **117**.

89

Une étrange lumière bleue baigne la pièce, dans laquelle vous venez de pénétrer, une clarté vacillante qui se réfléchit sur des murs de marbre ; et vous avez soudain la sensation de vous mouvoir sous l'eau, bien que la pièce elle-même soit parfaitement sèche. Elle est également d'une taille impressionnante, et d'une architecture assez extravagante, à en juger par ses colonnades. Si vous vous fiez aux fresques qui ornent les murs et qui représentent une foule de dévots, il doit s'agir d'un temple. Ces personnages aux attitudes grotesques, une collection variée d'hommes, de femmes et d'enfants, semblent tous se prosterner devant une divinité au corps d'homme et à la tête de poisson. Cette créature, qui ne peut en aucun cas prétendre rivaliser avec Rudolf Valentino pour ce qui est de la séduction, tient à la main une petite baguette noire.

Vous arrachant à la contemplation des fresques, vous examinez le reste du temple. A l'extrémité d'une double rangée de piliers de marbre, un rideau de tulle dissimule, malgré son extrême finesse, la partie nord de la pièce. Devant le rideau est posé un petit coffre en bois, fermé.

Si vous voulez prendre le risque d'écarter le rideau, c'est au **99** *qui vous faut vous rendre. Pour admirer les fresques de plus près, rendez-vous au* **114**. *Au* **133** *vous pourrez examiner le coffre. Ou alors vous pouvez toujours essayer de revenir à la nage ; pour cela vous devez lancer deux dés. Si vous faites de 2 à 4, vous voilà de retour à la porte du temple ! Si vous faites de 5 à 8, vous nagez jusqu'au* **92**. *Si vous faites de 9 à 12, vous traversez sans encombre l'étrange piscine, ce qui vous permet de revenir au* **59**.

90

Le petit escalier aboutit à une pièce carrée aux murs en pierre, faiblement éclairée par cette étrange lumière verte. Une silhouette se dresse au milieu de cette pièce. Vous portez la main à la poignée de votre épée mais, vos yeux s'étant accoutumés à cette lumière, vous constatez qu'il ne s'agit pas d'une créature vivante, mais d'une statue de granit grandeur nature. Tout en vous approchant de plus près pour l'examiner, vous remarquez qu'il n'y a pas d'autre issue pour sortir de cette pièce, sinon l'escalier conduisant au passage secret, puis à la fosse. Le sol et les murs mêmes de la pièce sont aussi en granit, ainsi que le plafond, formé de dalles massives.

La statue, vue de près, est une véritable horreur. Elle est à demi accroupie, un hideux sourire aux lèvres, sur un piédestal de granit, et ses yeux morts regardent dans le vide. C'est la statue d'une créature qui était autrefois un homme, mais n'est plus guère maintenant qu'un cadavre émacié, somptueusement vêtu, mais évoquant un être malfaisant. Sur le socle, en dessous des pieds chaussés de sandales, figure une inscription :

GROTT LE GREDIN

Sous l'inscription, vous distinguez un trou de serrure ; en l'examinant, vous remarquez une autre singularité : le piédestal sur lequel se dresse la statue est mobile et, avec un tout petit effort, on peut le tourner de façon à ce que la statue regarde dans différentes directions.

— Bienvenue... murmure une voix tranquille.

Terrifié, vous reculez d'un bond, dégainant E.J. d'un geste large. Mais rien d'autre ne se produit. Personne ne vous attaque. La pièce demeure toujours aussi vide.

90 *La statue, vue de près, est une véritable horreur.*

— Je dois vous féliciter, poursuit la voix tranquille (et vous vous apercevez maintenant qu'elle sort de la bouche de la statue, qui semble équipée d'une machine magique à enregistrer). Peu nombreux sont ceux qui se sont montrés assez intelligents pour arriver jusqu'ici. Mais, maintenant que vous avez découvert ce lieu, la question est de savoir si vous en sortirez jamais vivant.
Une pause s'ensuit, troublée par les battements désordonnés de votre cœur, puis la voix reprend :
— Malgré les apparences, il existe quatre issues pour sortir de cette pièce : l'escalier à l'est et trois autres. Pour emprunter n'importe laquelle de ces trois dernières issues, il vous suffit de glisser la clef en or dans la serrure, puis de faire pivoter la statue dans la direction que vous souhaitez prendre : nord, sud ou ouest. Mais prenez garde ! Ceux qui s'introduisent dans mon tombeau risquent de ne jamais repartir par où ils sont venus...
Et la voix se tait.

Que déduisez-vous de tout cela, Pip ? Et qu'est-ce que c'est que cette histoire de clef en or ? Si par hasard vous en possédez une, introduisez-la dans la serrure et orientez la statue vers le nord au **95**, *le sud au* **102** *ou l'ouest au* **113**, *à votre choix. Si vous ne détenez pas cette clef mystérieuse, vous jugerez peut-être plus prudent de revenir en arrière en empruntant le passage secret et en traversant la fosse, jusqu'au* **48**, où vous pourrez vous mettre à sa recherche. Vous pouvez aussi, bien entendu, essayer de faire pivoter la statue sans vous servir d'une clef : rendez-vous au **97**.

91

La pierre précieuse est d'une rare beauté ; il en émane une sorte de luminosité de nature magique...

— Ou maudite, marmonne E.J. pessimiste.
Elle repose sur un coussin de velours posé sur l'autel, lequel est composé d'un bloc de granit poli gravé d'étranges dessins.
— Examine avec soin ces dessins, vous conseille E.J.
Vous vous penchez donc en avant pour les étudier. De plus près, ils ne sont plus abstraits, mais leurs volutes se combinent mystérieusement pour former des tableaux mouvants représentant un aventurier tenant la pierre précieuse... et que mordent des serpents hideux et que piquent des scorpions. En vous redressant, troublé par ces scènes étranges, vous remarquez également que le coussin sur lequel repose la pierre précieuse est piégé, muni de ce qui est, très certainement, une aiguille empoisonnée.

Si vous voulez tout de même empoigner la pierre précieuse et vous enfuir, rendez-vous au **101**. *Si vous préférez faire appel à votre habileté pour essayer de désamorcer le piège, rendez-vous au* **98** *où, si vous réussissez, vous pourrez vous emparer de la pierre convoitée. Vous pouvez aussi, bien entendu, dédaigner la pierre précieuse et retourner, en rampant par le passage secret, au* **84**.

92

Glou... Glou... Glou...

Vous l'avez peut-être deviné, ce sont là les sons que vous émettez en vous noyant. Rendez-vous au **14**.

93

Le passage secret conduit vers l'ouest pour aboutir à une porte.

Qui s'ouvre au **23**.

94

De graves ennuis, Pip. Vous en avez eu conscience à l'instant même où vous ouvriez la porte secrète, puisque votre geste a fait jaillir un éclair magique. Il ne vous a fait aucun mal, mais un aventurier chevronné comme vous (sans parler de votre intelligence, de votre esprit et de votre irrésistible séduction) a su aussitôt que cet éclair était le signe qu'un puissant sortilège commençait à opérer.
Jetant un coup d'œil alentour, vous comprenez aussitôt de quoi il s'agit. Au centre de la pièce assez exiguë dans laquelle vous venez d'entrer se dresse la statue en granit d'un Démon qui, en ce moment même, est en train de descendre de son socle tout en déployant ses ailes de granit mues, à n'en pas douter, par un mécanisme magique. Il tourne vers vous d'étincelants yeux de pierre.

Ceci pourrait bien sonner le glas d'un aventurier chevronné, intelligent, spirituel et irrésistiblement séduisant, si vous ne vous montrez pas d'une extrême prudence, Pip. Le Démon de Granit possède 35 POINTS DE VIE, *porte un coup avec un 4 et inflige 4 Points de Dommage supplémentaires. Pire encore, le fait qu'il soit en granit déduira 3 points de tous les Dommages que vous pourriez lui infliger. Si vous survivez à la terrible bagarre que vous ne pouvez éviter, rendez-vous au* **104**. *Sinon, reprenez vos esprits au* **14**.

95

Avec un grincement assourdi, une partie du mur nord coulisse, révélant la présence d'un large passage dallé conduisant vers le nord. Mais à peine avez-vous fait quelques pas prudents dans le passage, que le mur se remet en place, vous coupant toute retraite. Avec un haussement d'épaules fataliste,

94 *Le Démon est en train de descendre de son socle.*

vous dégagez légèrement la poignée d'E.J. de son fourreau, prêt à dégainer, et vous avancez à grands pas vers le nord, à la rencontre de votre destin.

Qui implique pour le moment que vous lanciez deux dés. Si vous faites plus de 6, rendez-vous au **105**. *Si vous faites moins de 7, rendez-vous au* **115**.

96

Vous venez d'entrer en rampant dans un étroit passage, sombre et poussiéreux, orienté vers le nord. Vous progressez avec prudence, espérant éviter toute rencontre, car le tunnel est si exigu que vous ne pourriez même pas dégainer E.J.

— On n'aurait jamais dû venir ici, bougonne alors E.J. C'est exactement le genre d'endroit où on risque de tomber sur une Araignée Géante.

— Ça suffit, E.J. répliquez-vous avec impatience, nullement inquiet par sa phobie des araignées, géantes ou pas.

— Je te parie mon fourreau, insiste E.J., qu'après ce tournant, un peu plus loin, tu vas te jeter droit dans la panse vorace d'une Araignée Géante.

— Mais tais-toi donc ! J'ai déjà assez de problèmes pour ne pas avoir besoin de t'entendre radoter, avec tes histoires d'Araignées Géantes.

— Tu verras, marmonne E.J.

Vous tournez le coin et vous vous trouvez nez à nez avec une Araignée Géante... euh... pas exactement. Vous vous retrouvez dans un cul-de-sac.

La seule solution, c'est de revenir sur vos pas en rampant (avec E.J. qui continue à déblatérer à propos d'Araignées Géantes) jusqu'au **84**, où vous pourrez faire un nouveau choix.

97

A votre grande surprise, la statue bouge sans difficulté. Il vous suffit d'une pression du doigt pour la faire pivoter dans la direction désirée. Cette histoire de clef en or, c'était peut-être un coup de bluff.

Ou peut-être pas. Car quelques secondes après avoir fait pivoter la statue, le plafond s'effondre, vous enterrant sous des tonnes de blocs de granit d'où vous pourrez vous extirper sans difficulté au **14**.

98

Lancez deux dés pour déterminer le degré de machiavélisme de celui qui a mis en place l'aiguille empoisonnée, et notez le résultat. Ensuite lancez deux dés pour votre compte. Si vous obtenez un résultat supérieur, vous avez désarmorcé le piège et vous pouvez vous emparer de la pierre précieuse au **106**. *Dans le cas contraire, vous êtes dans le pétrin, et vous saurez lequel en vous rendant au* **116**.

99

Oh, malheur ! Juste derrière le rideau se tient une gigantesque créature avec un corps d'homme et une tête de poisson. Elle tient à la main une baguette noire. Vous *(gloup !)* reculez d'un pas.

— Bonjour, dites-vous avec un large sourire en saluant de la main (gauche, bien entendu, la droite descendant subrepticement vers E.J.). Désolé de vous déranger, monsieur. Je vais maintenant prendre congé...

La créature lève sa baguette noire et la pointe dans votre direction.

— Inutile de vous fâcher, commencez-vous d'un ton conciliant. Je passais simplement par hasard, et je ne vous ai causé aucun tort, n'est-ce-pas ? Alors...

Une onde de lumière bleu foncé jaillit de la baguette. D'un bond convulsif, vous vous jetez sur le côté.

Et peut-être réussissez-vous à l'éviter. Lancez un dé. Si vous faites de 1 à 3, rendez-vous au **108.** *Si vous faites de 4 à 6, rendez-vous au* **118**.

100

Vous vous trouvez dans un petit corridor orienté est-ouest. A son extrémité ouest, il tourne à angle droit en direction du sud, alors qu'à son autre extrémité, il aboutit dans un corridor orienté nord-sud.

Si vous souhaitez vous engager dans le corridor nord-sud, rendez-vous au **75**. *Si vous préférez suivre le corridor vers le sud, rendez-vous au* **88**.

101

Vous saisissez la pierre précieuse.
Ping !
Vous lâchez la pierre et vous vous sucez le doigt qui vient d'être piqué par l'aiguille empoisonnée.

Le sucer ne servira pas à grand-chose, car le poison remonte déjà le long de votre bras et broie votre cœur dans un étau glacé qui ne se desserrera que lorsque vous arriverez aux sombres abîmes du **14**.

102

Avec un grincement assourdi, une partie du mur sud coulisse, révélant la présence d'un large passage dallé conduisant vers le sud. Vous avancez dans le passage et le mur se remet en place, vous coupant toute retraite. Avec un haussement d'épaules fataliste, vous dégagez légèrement la poignée d'E.J. de son fourreau, prêt à dégainer, et vous commencez à avancer vers le sud, à la rencontre de votre destin.

Qui implique pour le moment que vous lanciez deux dés. Si vous faites plus de 6, rendez-vous au **109**. *Si vous faites moins de 7, rendez-vous au* **119**.

103

Vous voilà pris au piège ! A l'instant même où vous avez touché les câbles, vous vous êtes retrouvé collé à eux. La glu qui les recouvre est la plus efficace que vous ayez jamais expérimentée (et elle empeste avec ça). Pendant que vous vous débattez frénétiquement pour tenter de vous dégager, vous percevez une vibration sur les câbles, provenant, semble-t-il, de la zone obscure qui vous domine.

— Oh, oh ! fait E.J.

Et elle pivote dans votre main pour se dresser vers le haut. Regardant dans la direction qu'elle indique, vous découvrez une Araignée Géante qui descend avec décision au bout d'un fil gros comme un câble, une lueur affamée dans ses yeux injectés de sang.

Cette sale bête pourrait bien vous expédier directement au **14** *Pip, mais au moins allez-vous essayer de vous défendre. L'Araignée possède 55* POINTS DE VIE, *mord avec un 5, et inflige 3 Points de Dommage supplémentaires. Et ce qui rend la situation encore plus dramatique c'est que, du fait que vous êtes pris au piège et qu'E.J. est affligée de cette peur panique des Araignées, il vous faut obtenir 6 pour porter un coup qui n'infligera que 1 seul Point de Dommage. Et pour finir, au cas où vous estimeriez ne pas vous en tirer si mal, l'Araignée vous injectera un poison qui vous paralysera assez longtemps pour lui permettre de vous dévorer la tête si elle fait 12, ce qui vous expédiera sans le moindre doute au* **14**. *Si vous survivez à cette vilaine rencontre, rendez-vous au* **124**. *Sinon, vous savez où aller.*

104

Vous vous frayez un chemin parmi les blocs de granit brisés pour examiner ce qui vous apparaît comme une pièce vide sans autre accès que celui par lequel vous êtes arrivé. Puis, pris d'une soudaine inspiration, vous vous concentrez sur le sol dallé. Et en effet, juste en dessous de l'endroit où s'élevait la statue du Démon de Granit avant d'être réduite en miettes, vous distinguez une trappe ! L'ouvrant avec enthousiasme, vous découvrez une étroite volée de marches s'enfonçant dans l'obscurité.

Vous pouvez descendre ces marches au **120**. *Mais si vous préférez retourner au Temple du Poisson par la porte secrète, vous y aurez le choix entre les solutions suivantes : si vous voulez prendre le risque d'écarter le rideau, rendez-vous au* **99**. *Pour examiner les fresques de plus près, rendez-vous au* **114**. *Pour examiner le coffre, il faut aller au* **133**. *Vous pourrez également essayer de revenir sur vos pas... à la nage. Dans ce cas vous devez lancer deux dés. Si vous faites de 2 à 4, vous vous retrouvez devant la porte du temple ; de 5 à 8, vous nagez jusqu'au* **92**. *Si vous faites de 9 à 12, vous traversez sans encombre l'étrange piscine, ce qui vous permet de vous retrouver au* **59**.

105

Aïe !

Roulant dans le couloir, une Boule de Feu géante fonce dans votre direction ! Vous la reconnaissez aussitôt, bien sûr. C'est exactement le genre de Boule de Feu magique dont vous vous êtes servi au cours de diverses aventures. Elle ne manque jamais son but et inflige carrément 75 Points de Dommage.

Si la Boule vous écrase (et il est difficile d'imaginer qu'il puisse en aller autrement), rendez-vous au **14**. *Si par hasard vous avez fait preuve d'assez d'ingéniosité pour trouver une parade aux Boules de Feu, vous pouvez continuer jusqu'au* **115**.

106

Quelle merveilleuse sensation ! Comme si vous aviez pris une Potion Curative, mais en mieux encore.

Une mystique énergie verte circule dans votre corps. Vous vous sentez en pleine forme, débordant de vie, plus fort, plus éveillé que jamais. Les couleurs vous paraissent plus vives, les sons plus mélodieux. Et avant de vous mettre à déclamer des vers sur les merveilles de la nature, vous devez savoir que trois choses se sont passées : la première, c'est que vous êtes maintenant immunisé contre le poison pour tout le reste de l'aventure actuelle (et tout le poison qui aurait pu être injecté dans votre organisme lorsque vous vous êtes emparé de la pierre précieuse est maintenant neutralisé). La deuxième, c'est que vous êtes maintenant complètement immunisé contre les effets des Boules de Feu. La troisième, c'est que votre peau est devenue vert clair et qu'il vous a poussé d'énormes moustaches (ce qui n'est pas payer bien cher les deux premiers avantages.)

Vous pouvez maintenant déclamer quelques vers, avant de retourner au **84** *en rampant dans le passage secret.*

107

En essayant tant bien que mal de ne pas vous noyer, vous avez remarqué, sous l'eau, des marches qui vous permettent, en tournant comme un damné, d'atteindre la porte ménagée dans le mur nord. Elles ne vous sont guère utiles, en revanche, pour l'ouvrir, car l'humidité a fait gonfler le bois et la porte est coincée.

Vous pouvez toujours essayer de retraverser cette pièce à la nage. (Lancez deux dés. Si vous faites de 2 à 4, vous voilà de retour devant la porte ! Si vous faites de 5 à 8, vous nagez jusqu'au **92**. *Si vous faites de 9 à 12, miracle ! Vous avez réussi ; ce qui vous permet de* *revenir au* **59**.*) Mais si vous voulez essayer d'enfoncer la porte en faisant appel à cette force brute et aveugle qui est parfois la vôtre, lancez deux dés l'un après l'autre. Si votre deuxième résultat est inférieur au premier, vous êtes alors trop épuisé pour forcer la porte et vous devez obligatoirement tenter de revenir en arrière. Si votre deuxième résultat est supérieur au premier, vous vous apercevrez avec joie que la porte éclate sous le choc ; mais en faisant un bruit à réveiller les morts... ou toute autre créature qui pourrait vous attendre au* **89**.

108

L'onde vous engloutit. Car, bien que sachant qu'elle n'est composée que de lumière seulement, vous éprouvez la même sensation que si vous aviez été submergé par une vague liquide. Affolé, vous essayez d'en sortir à la nage...

Mais en vain. Lorsque vous aurez enfin fini de vous noyer, vous pourrez couler jusqu'au **14**.

109

Bon sang de bois ! Un éclair zigzague en crépitant le long du couloir dans votre direction !

Et il y en a peut-être d'autres en réserve là d'où il vient. Lancez deux dés pour savoir combien d'éclairs sont projetés dans votre direction. (Tout chiffre au-dessus de 10 compte seulement pour 1, puisqu'il s'agit, comme vous vous en apercevrez instantanément, d'éclairs magiques projetés par des Doigts de Feu). Pour chaque éclair, vous perdez 10 POINTS DE VIE. *Si l'éclair vous tue, rendez-vous au* **14**. Si vous survivez, vous pouvez continuer votre chemin jusqu'au **119**.

110

Non, absolument rien ici que de la camelote réduite en miettes par-dessus le marché !

N'y touchez pas et continuez le long du couloir jusqu'au **134**.

111

Le Crabe possède 33 POINTS DE VIE *et réussit à vous pincer avec un 5, infligeant 1 Point de Dommage supplémentaire. Son épaisse carapace lui permet de déduire 4 points de tous les Dommages qui lui sont infligés. Mauvaise nouvelle : il peut vous empoisonner s'il fait plus de 9. Une fois dans votre organisme, le poison soustraira 3 de vos* POINTS DE VIE *à chaque Assaut, en plus des Dommages indiqués par les dés ; et il continuera après le combat à vous délester de 3 de vos* POINTS DE VIE *à chaque nouveau paragraphe auquel vous vous rendrez, jusqu'à ce que mort s'ensuive, ou que vous preniez 3 doses de Potion Curative. Si cette rencontre vous est fatale, rendez-vous au* **14**. *Si vous survivez, rassemblez votre butin, dont la valeur s'élève à quinze cents Pièces d'Or, avant de décider de ce que vous allez faire : si vous voulez prendre le risque d'écarter le rideau, il faut vous rendre au* **99**. *Pour examiner de plus près les fresques, rendez-vous au* **114**. *Mais vous pouvez toujours essayer de revenir en arrière à la nage. Dans ce cas, vous devez lancer deux dés. Si vous faites de 2 à 4, vous voilà de retour devant la porte du temple ! Si vous faites de 5 à 8,* *vous arrivez au* **92**. *Si vous faites de 9 à 12, vous traversez sans encombre l'étrange piscine, ce qui vous permet de retrouver le* **59**.

112

Il vous vient parfois les idées les plus répugnantes, Pip. Pour le moment, vous êtes couvert de cette mixture et vous dégagez une odeur nauséabonde. Inutile de le préciser, il n'y a absolument rien à trouver dans les déjections de Lézards, si ce n'est davantage de déjections de Lézards.

Un avantage, néanmoins ; vous puez tellement qu'au cours de vos trois prochains combats, vos ennemis seront pris de telles nausées que vous pourrez déduire 3 points de tous les Dommages qu'ils pourraient vous infliger. Maintenant retournez au **84** *et examinez de nouveau les possibilités qui vous sont offertes.*

113

Boïngg !

Une fléchette vient de se planter au bout de votre nez ! Vous l'arrachez pour l'examiner. C'est exactement le genre de fléchette créée par un sortilège FIP.

Et elle provoque les mêmes dégâts (à savoir 10 Points de Dommage). Si ce projectile vous tue, rendez-vous au **14**. *Sinon, vous pouvez vous engager dans le corridor orienté à l'ouest, qui se trouvait caché derrière le mur qui vient de glisser. Rendez-vous au* **121**.

114

En les examinant de plus près, vous arrivez rapidement à la conclusion que les personnages des fresques paraissent en proie à la terreur ; passant d'une scène à une autre, vous comprenez bien vite pourquoi : sur l'une des fresques, Gueule-de-Raie braque sa baguette sur l'un de ses adorateurs affolé. De la baguette jaillit une lame de fond sur le point d'engloutir le malheureux humain.

Tout ceci, sans aucun doute, est grossièrement exagéré mais tout de même, vous feriez bien d'éviter cette créature à tête de poisson. Cessez maintenant de regarder ces fresques et retournez au **89** *pour faire un nouveau choix.*

115

Aïe !

Roulant dans le couloir, une Boule de Feu géante fonce dans votre direction. Vous la reconnaissez aussitôt, bien sûr. C'est exactement le genre de Boule de Feu magique dont vous vous êtes servi au cours de diverses aventures. Elle ne manque jamais son but et elle inflige carrément 75 Points de Dommage... à supposer, bien entendu, que le sortilège ait été lancé correctement. Ce qui n'est peut-être pas le cas en l'occurence, puisque la Boule de Feu est déjà en train de grésiller et de s'éteindre.

Il y a peut-être une leçon à tirer de cet incident, Pip. Mais pour le moment, vous venez d'arriver à une fourche dont la branche nord-ouest aboutit au **123**, *et la branche nord-est au* **131**.

116

Aïe, ouille !

Vous avez été empoisonné. Vous criez ! Vous hurlez ! Vous vous empoignez la gorge à deux mains. Un feu liquide se répand dans vos veines, une brûlure atroce qui va gagner rapidement votre cœur.

Il lui faudra néanmoins un certain temps pour y arriver, du moins si vous cessez de tant vous agiter. Le poison est suffisamment virulent pour vous enlever 10 POINTS DE VIE *chaque fois que vous aborderez un nouveau paragraphe, jusqu'à ce que mort s'ensuive ou que vous ayez trouvé un remède. Un remède que vous possédez peut-être déjà si vous disposez de trois doses de Potion Curative, qui se révéleront immédiatement efficaces. Sinon, ou si vous préférez attendre avant de prendre la Potion, vous perdrez 10* POINTS DE VIE *lorsque vous arriverez au* **106** *pour vous emparer de la pierre précieuse.*

117

Ce corridor orienté est-ouest débouche sur un corridor nord-sud à l'est, et tourne à angle droit vers le nord à son extrémité ouest.

Vous pouvez tourner vers le nord au **88** *ou vous engager dans le corridor nord-sud au* **75**.

118

L'onde vous frôle sans vous causer le moindre mal. Vous roulez habilement sur vous-même et vous dégagez E.J. d'un geste large en vous remettant sur pieds et en adoptant aussitôt la pose du combattant, qui vous est familière.
— C'est donc la guerre, Gueule-de-Raie ! lancez-vous d'une voix sifflante.

Et sur cette note légèrement dramatique le combat s'engage. Gueule-de-Raie est un rude adversaire, car il possède un total de 50 POINTS DE VIE. *Il porte un coup avec un 5, mais n'inflige que les Dommages indiqués par les dés. Néanmoins, s'il fait plus de 8, il pourra utiliser sa redoutable baguette, qui vous tuera instantanément (et curieusement, par noyade). La seule bonne nouvelle est que, s'il n'a pas réussi à se servir de sa baguette durant les trois premiers Assauts, il ne pourra pas l'utiliser par la suite. Si Gueule-de-Raie a raison de vous, rendez-vous au* **14**. *Si vous survivez, de plaisantes surprises vous attendent au* **125**.

119

Bon sang de bois ! Un éclair zigzague en crépitant le long du couloir dans votre direction. Vous n'avez pas le temps de sauter de côté mais, au moment même où l'éclair décrit un arc pour vous frapper la poitrine, il émet un léger grésillement et tombe à terre avec un choc mou.

Le sortilège a donc été mal lancé. Intéressant. Mais pour le moment, un autre problème se pose à vous : vous avez atteint une fourche dont la branche sud-ouest mène au **138** *et la branche sud-est au* **144**.

120

Les marches aboutissent à un couloir étroit, sombre et extrêmement humide, orienté vers le sud. Un peu plus loin, vous arrivez à la hauteur d'une porte défoncée, située dans le mur est. Jetant un rapide coup d'œil, vous apercevez ce qui vous paraît être une sorte d'entrepôt, mais qui a manifestement été pillé dans un lointain passé. Des tonneaux, des coffres, des caisses et des barriques, le tout en piteux état, traînent un peu partout et une forte odeur de pourriture et d'humidité imprègne l'atmosphère.

Ce désordre ne signifie pas, bien entendu, que vous ne pouvez rien découvrir d'intéressant. Si vous voulez fouiller la pièce, rendez-vous au **110**. *Sinon, vous pouvez poursuivre votre chemin dans le couloir jusqu'au* **134**.

121

Intéressant épisode, puisqu'il n'y a devant vous aucune trace de la personne qui aurait pu lancer la fléchette.

En fait, tout ce que vous distinguez, c'est une fourche, dont une branche se dirige vers le nord-ouest au **156** *et une autre au sud-ouest au* **165**.

122

Voilà qui est intéressant, Pip, pour ne pas dire légèrement troublant. Le passage dans lequel vous vous trouvez est orienté ouest-est... et descend vers l'ouest. Surtout, il y règne une étrange lumière verte, diffuse mais perceptible (et vraiment angoissante), dont vous ne pouvez découvrir d'emblée l'origine.

L'extrémité est du passage est fermée par une porte donnant accès, à condition d'éviter un piège redoutable, à un sombre corridor qui finira par vous amener au **48**. *L'extrémité ouest aboutit à une étroite volée de marches en pierre descendant dans de sombres profondeurs au* **90**.

123

Le corridor est orienté nord-ouest sur environ quinze mètres avant de tourner vers le nord, pour aboutir à une solide porte en bois. Parvenu à la porte, vous tendez l'oreille. Aucun bruit. Vous tournez la poignée avec précautions. La porte s'ouvre silencieusement, vous donnant accès à une pièce longue mais étroite, orientée est-ouest. Dans le mur nord de la pièce se trouvent trois portes. Devant chacune d'elles est posé un cercueil. Vous avancez, l'œil aux aguets et, au même moment, comme si votre arrivée avait déclenché un quelconque sortilège, un familier éclair bleu magique illumine l'endroit alors qu'une voix au-dessus de votre tête déclare doucement :

— Bienvenue, petit nabot à face de rat ; si je peux m'exprimer ainsi sans t'offenser ! Voici une occasion de mettre à l'épreuve ta cervelle de petit pois. Devant toi sont alignés trois cercueils. Ils sont numérotés de 1 à 3, au cas où tu ne saurais pas compter. Maintenant, pauvre petit ver de terre minable...

(Ce type est vraiment grossier ! ce sera un plaisir de le débiter en rondelles lorsque vous vous trouverez enfin face à face.)

— ... ton problème, c'est de trouver la Dame, et plus particulièrement, dans le cas particulier qui nous intéresse, trouver la Dame Vampire. Deux des cercueils sont vides et par conséquent les portes devant lesquelles ils montent la garde peuvent être ouvertes sans danger. Le troisième contient Draculina, qui n'a pas son pareil pour sectionner une jugulaire. Afin de t'aider, je vais te donner un indice : le cercueil dans lequel se trouve Draculina est numéroté avec le premier chiffre de son âge, qui correspond à la moitié de celui de son frère Dracula qui a lui-même vingt fois le double de l'âge de Bébécroc, qui vient d'avoir un an. Choisis bien, crâne de piaf !

La porte derrière le cercueil n° *1 conduit au* **140** *; celle que garde le cercueil n°* *2 conduit au* **148** *; et enfin, celle que garde le cercueil n°* *3 conduit au* **154**. *Bonne chance !*

124

— Ça a été vraiment dur, Pip, remarque E.J. (qui, vous en jureriez si vous ne saviez pas que c'est impossible, transpire abondamment).

— Oui, marmonnez-vous d'un air sombre, les yeux rivés sur l'autel où repose l'énorme pierre précieuse, maintenant à portée de votre main.

Vous enjambez le corps hideux de l'Araignée Géante et vous avancez vers l'autel.

— Dis-moi, commence E.J., tu crois vraiment que tu peux prendre cette pierre ? Après tout, elle est posée sur un autel...

— Et alors ? demandez-vous avec irritation.

— Eh bien, elle pourrait être maudite. Ou placée sous la protection des dieux anciens, ce qui revient au même. Ou protégée par un sortilège. Ou piégée. Ou...

E.J. pourrait bien avoir raison, malgré sa tendance à radoter. Si vous voulez examiner l'autel et la pierre précieuse avec soin avant d'y toucher, rendez-vous au **91**. *Si vous voulez rafler la pierre et filer, rendez-vous au* **101**. *Vous pouvez aussi, bien entendu, dédaigner la pierre précieuse et revenir, en rampant par le passage secret, au* **84**.

125

Voilà qui est assez répugnant, Pip. A l'instant où vous avez raflé le dernier de ses POINTS DE VIE, Gueule-de-Raie s'est désintégré, ne laissant sur le sol qu'une malodorante mare d'une substance visqueuse. Répugnant ou pas, vous plongez la main dans le tas visqueux pour récupérer cette baguette noire qui, lorsqu'au cours d'un combat vous ferez plus de 8 en lançant les dés, vous permettra de tuer par noyade n'importe quel ennemi humain ou

125 *Gueule-de-Raie s'est désintégré en une malodorante mare d'une substance visqueuse.*

humanoïde... mais seulement durant les trois premiers Assauts d'un combat.
Jetant un coup d'œil alentour, vous découvrez qu'un autel était dissimulé derrière le rideau, autel portant une statuette de corail représentant Gueule-de-Raie en personne, avec l'inscription :

SQUANDRAGO, ROI DES LAMPROIES

Cette statuette doit avoir une grande valeur — environ cinquante Pièces d'Or, à vue de nez. Si vous voulez vous en emparer, rendez-vous au **135**. *Sinon, vous pouvez essayer maintenant de revenir en arrière à la nage ; auquel cas vous devez lancer deux dés. Si vous faites de 2 à 4, vous voilà de nouveau à la porte du temple. Si vous faites de 5 à 8, vous arrivez à bout de souffle au* **92**. *Si vous faites de 9 à 12, vous réussissez dans votre entreprise, ce qui vous permet de retourner au* **59**.

126

Pour composer une Ode à la Mort correcte, vous devez donc écrire un poème où les deux premiers vers riment ensemble, ainsi que les deux derniers, comme dans l'exemple (atroce) que vous allez découvrir, tiré des Œuvres Complètes de Nosferax le Poète, (Oxford University Press, 1985) :

ODE A LA MORT
Par Nosferax le Poète

« *Mort à Grott*
Qu'on l'emporte
Dans son cer-
Cueil de fer. »

Composez votre poème et conservez-le sur vous durant le reste de votre aventure, jusqu'à votre rencontre avec Grott le Gredin ; vous le lui lirez alors à haute voix avant de faire usage de vos sortilèges, ou de le combattre.

Mieux vaut maintenant revenir dans le corridor, au **75**, *avant que ces exercices poétiques ne vous aient complètement tourneboulé.*

127

Le passage secret est orienté plein sud sur une distance relativement courte avant d'aboutir à ce qui se présente à première vue comme un cul-de-sac. Un passage secret ne conduisant nulle part n'a aucun sens, vous vous livrez donc à des recherches minutieuses et vous découvrez, encastré dans le mur ouest, un tableau comportant trois boutons, un rouge, un vert et un orange (exactement comme des feux de signalisation). Sous les boutons, une petite plaque porte, en capitales, l'inscription suivante :

IL EST DANGEREUX
D'APPUYER SUR LE MAUVAIS BOUTON
Ce qui par tradition indique un péril
indique un péril
Ce qui par tradition écarte le péril
indique un péril
Faites un mauvais choix : à vos risques et périls

Hum ! Si vous voulez appuyer sur le bouton rouge, rendez-vous au **136**. *Si vous voulez appuyer sur le bouton orangé, rendez-vous au* **145**. *Si vous voulez appuyer sur le bouton vert, rendez-vous au* **157**. *Si vous préférez laisser tomber, repartez en vitesse par le passage secret jusqu'au* **84**.

128

Nosferax devient pâle (enfin, encore plus pâle) de fureur.

— Jamais, jamais je n'aurais osé offrir cela à mon valet de chambre même — qui est, soit dit en passant, un poète de tout premier ordre — dit-il d'une voix étranglée.
Et sur ces mots, il se jette sur vous et vous plante ses crocs dans la gorge.

Ce qui, comme vous le savez sans doute, inflige une blessure mortelle à toute créature d'une taille inférieure à celle d'un dinosaure. Rendez-vous au **14**.

129

Lorsque vous ouvrez la porte, un bref éclair vous aveugle un instant. Vous avancez de quelques pas, en titubant et en vous frottant les yeux...

Et vous les ouvrez de nouveau au **23**.

130

Vous voilà pris au piège ! Ou du moins, E.J. l'est. A l'instant où elle a touché les câbles, elle y est restée collée. La glu qui les enduit est certainement la plus efficace que vous ayez jamais expérimentée. Pendant que vous vous débattez frénétiquement pour dégager votre épée, vous percevez une vibration sur les câbles, provenant, semble-t-il, de la zone obscure au-dessus de vous.
— Au secours ! crie E.J., et elle pivote dans votre main pour se dresser vers le haut.
Regardant dans la direction qu'elle indique, vous découvrez une Araignée Géante qui avance avec décision le long des câbles, une lueur affamée dans ses yeux injectés de sang.

Cette sale bête pourrait bien vous expédier directement au **14**, *Pip ; mais au moins allez-vous essayer de*

vous défendre. L'Araignée possède 55 POINTS DE VIE, *mord avec un 5 et inflige 3 Points de Dommage. Et ce qui rend la situation encore plus dramatique c'est que, du fait que E.J. est prise au piège et qu'elle est affligée d'une peur panique des Araignées, il vous faut faire 6 pour porter un coup qui n'infligera que 1 seul Point de Dommage. Pour finir, au cas où vous estimeriez ne pas vous en tirer si mal, l'Araignée, si elle sort un 12, vous injectera un poison qui vous paralysera assez longtemps pour lui permettre de vous dévorer la tête, ce qui vous expédiera sans le moindre doute au* **14**. *Si vous survivez à cette fâcheuse rencontre, rendez-vous au* **124**. *Sinon, vous savez où aller.*

131

Le corridor, orienté nord-est, débouche au bout d'une quinzaine de mètres, sur un puits béant. Vous vous en approchez avec prudence, conscient de toutes les traîtrises qui peuvent se dissimuler dans le sépulcre de Grott. Ce puits, d'un diamètre d'environ trois mètres, s'enfonce à la verticale dans les entrailles de la terre. Levant la tête, vous remarquez, creusée dans le roc, une cheminée d'un diamètre équivalent à celui du puits. Vous regardez attentivement dans les deux directions, mais sans pouvoir distinguer quoi que ce soit tant l'obscurité est épaisse. En revanche, vous percevez un son ténu ; une sorte de soupir, comme le passage d'une brise dans un tunnel. Et, sauf erreur grossière, vous sentez également une odeur : une bouffée de la familière senteur d'ozone de la magie.

Reste à savoir si vous allez prendre le risque de pénétrer dans ce puits. Si vous voulez sauter gaîment dans le vide sans vous poser la moindre question, rendez-vous au **142**. *Si vous possédez toujours votre corde,* *vous pouvez essayer de descendre en rappel au* **149**. *Vous pouvez aussi, bien entendu, retourner au* **115** *pour faire un nouveau choix.*

132

— C'est très flatteur de votre part de me le demander ! s'exclame Nosferax en rougissant de plaisir. Combien pensiez-vous me payer ?

En réalité, vous n'aviez pas l'intention de lui payer quoi que ce soit, mais mieux vaut ne pas le lui avouer, compte tenu de sa légendaire irascibilité. Si vous voulez lui offrir dix Pièces d'Or, rendez-vous au **128** *; cent Pièces d'Or, rendez-vous au* **139** *; cinq cents Pièces d'Or, rendez-vous au* **155**. *Si vous n'avez véritablement pas d'argent à lui proposer, ou si vous lui offrez tout ce que vous possédez, même si ce n'est pas grand-chose, rendez-vous au* **166**.

133

Il y a un trésor ici ! A la fois de l'or et de l'argent, ainsi que toute une collection de coquillages et de perles. Le tout représente bien quinze cents Pièces d'Or. Un butin qui n'est pas à dédaigner. A condition que vous puissiez vous en emparer, malgré la présence du Crabe qui monte la garde.

Vous pouvez attaquer le Crabe au **111**. *Si vous voulez prendre le risque d'écarter le rideau, il faut aller au* **99**. *Pour examiner les fresques de plus près, rendez-vous au* **114**. *Mais vous pouvez essayer de repartir à la nage ; dans ce cas vous devez lancer deux dés. Si vous faites de 2 à 4, vous voilà de retour à la porte du temple ! Si vous faites de 5 à 8, vous gagnez le* **92**. *Si vous faites de 9 à 12, vous traversez l'étrange piscine sans problèmes, ce qui vous permet de revenir au* **59**.

134

Le corridor continue en direction du sud ; l'odeur d'humidité et de pourriture s'intensifie. Vous remarquez même des plaques de moisissure bleu vert sur le mur de gauche (à l'est) et, à mesure que vous progressez, ces plaques deviennent plus larges et plus fréquentes, à tel point que le mur finit par en être complètement couvert. Quinze mètres plus loin environ, vous arrivez devant une autre porte — en aussi mauvais état que la première — mais s'ouvrant dans le mur ouest. Jetant un rapide coup d'œil, vous apercevez une sorte d'entrepôt, manifestement pillé dans un lointain passé. Des tonneaux, des coffres, des boîtes, des barriques, le tout en piteux état, traînent un peu partout et une forte odeur de pourriture et d'humidité imprègne l'atmosphère.

Il n'empêche qu'il serait peut-être intéressant de fouiller la pièce. Ce que vous pouvez faire au **146**. *Ou peut-être avez-vous envie de racler un peu cette moisissure bleu vert sur le mur est pour l'examiner de plus près au* **158**. *A moins que vous ne continuiez simplement vers le sud au* **167**.

135

D'un geste prompt, vous raflez la statuette de corail.
Crac ! Gnnnnang-gnaang-ggnannnnngggg !
Il vous arrive quelque chose d'épouvantable, Pip.
Gnnnannnng-gnaanngg-ggnnaanngg !
Votre corps tout entier se tord de douleur. Vous avez l'impression que votre tête va exploser. D'horribles bruits de déchirure résonnent quand votre peau s'étire et éclate.

Ce processus déplaisant vous fait douloureusement perdre 15 POINTS DE VIE *avant de cesser. Si cette*

perte vous est fatale, rendez-vous au **14**. *Sinon, un coup d'œil dans un miroir vous apprendra que des ouïes viennent de pousser dans votre cou, ainsi qu'une nageoire au milieu de votre dos. Cette disgracieuse métamorphose, qui ne vous aidera certes pas à trouver une fiancée, présente néanmoins un avantage certain : vous ne pourrez plus périr noyé au cours de cette aventure, et ce quoi que puissent indiquer les dés ; ce qui vous permet de revenir sans danger au* **59**. *Par malheur (ou par bonheur peut-être) vous reprendrez votre aspect normal à la fin de l'aventure.*

136

Zizzst !

Rendez-vous au **14**.

137

Vous vous inclinez vivement.

— Quel plaisir, déclarez-vous hypocritement, de rencontrer de nouveau le Prince des Poètes du Donjon, le Ménestrel du Désert, le Barde-Chevalier d'Avalon, le...

— De grâce ! s'exclame Nosferax, en vérité ravi. Vous allez faire tourner ma noble tête, avec votre flatteuse éloquence !

Ce qui était, cela va de soi, le but recherché, bien que vous ne puissiez guère le lui dire. Dans vos aventures passées, Nosferax s'est souvent révélé si utile... si heureux, pour dire la vérité, que vous applaudissiez à tous ses vers creux. Comme il semble maintenant assez bien disposé, vous vous hasardez à déclarer :

— Monsieur Nosferax, mon maître, Merlin, m'a chargé de retrouver un collègue sorcier du nom de Grott le Gredin, individu qui lui doit cinquante Pièces d'Or. Merlin m'a affirmé que Grott était vivant, mais la seule trace que j'ai trouvée de lui, c'est ce Caveau, preuve assez claire de sa mort. Pouvez-vous, dans votre infinie sagesse, jeter quelque lumière sur ce mystère ?

Nosferax sourit de tous ses crocs étincelants, vous aveuglant à demi.

— Mais tout à fait ! s'exclame-t-il. Il y a quelques heures à peine, j'étais absorbé par la composition d'une ode héroïque en octosyllabes dont le thème, précisément, concerne ce mystère. Laissez-moi vous la lire...

Là-dessus, et sans vous laisser la moindre occasion de vous enfuir, il sort un parchemin de sa volumineuse chemise, plisse légèrement les yeux, puis se met à déclamer :

« Quand Grott était petit garçon
Le mal était sa passion
En grandissant ce fut bien pire
Il n'est pas de mot pour le dire
Plus tard il devint démoniaque
Puis il se mua en Brucolaque
A ce qu'on dit, ses ennemis
L'ont cru vivant, l'ont vu occis »

— Vous voyez, déclare Nosferax tout en replaçant le parchemin dans sa chemise, c'est parfaitement simple quand on a l'explication.

— C'est quoi, un... un Brucolaque ? demandez-vous avec curiosité, n'ayant encore jamais entendu ce terme.

— Une créature (en général un sorcier, un magicien, un nécromancien ou un individu de ce genre) qui use de maléfices pour se maintenir en vie au-delà des limites naturelles de son existence, vous explique Nosferax. Il devient donc une sorte de zombi, de cadavre vivant, de non-mort, sauf bien entendu qu'il n'a jamais réussi à mourir pour commencer. Cette transformation le rend extrêmement dangereux.

— Et Grott le Gredin est dangereux ? demandez-vous avec un pincement au cœur, car vous connaissez déjà la réponse.

— Mortellement, répond Nosferax. A moins que vous ne puissiez lui réciter une Ode à la Mort de quatre vers lorsque vous le rencontrerez, aucune magie ne pourra opérer et vous le combattrez en retirant 3 points de tous les Dommages que vous lui infligerez. A votre place, je m'y prendrais tout de suite pour composer à l'avance et apprendre par cœur une Ode à la Mort.

C'est un assez bon conseil. Mais allez-vous composer vous-même l'Ode au **126**, *ou demander à Nosferax de la composer pour vous au* **132** *?*

138

Le passage est orienté sud-ouest. Moins de dix mètres plus loin, vous remarquez un détail étrange : une dalle en grès rouge a été scellée dans le sol, sur toute la largeur du corridor, et si vous ne l'aviez pas vue à temps, vous auriez certainement marché dessus. Heureusement, vous pouvez l'éviter en sautant par-dessus.

Mais en avez-vous envie ? Si vous décidez de sauter par-dessus la dalle, rendez-vous au **147**. *Si vous voulez vous risquer à marcher dessus, rendez-vous au* **159**.

139

— Voilà une noble proposition, déclare Nosferax. Je composerai donc les deux premiers vers, vous laissant le soin de compléter l'œuvre vous-même. Voyons un peu...

Il commence à marcher en long et en large, à la recherche de l'inspiration puis, enfin visité par la Muse, il déclame d'un ton solennel :

ODE A LA MORT
Par Pip et Nosferax le Poète
(Un ordre que le talent
rétablira séant)

« Pour Grott le Gredin
Jamais de câlin...
....
.... »

— Voilà, dit-il. A vous de terminer.
Terminez donc le poème ; écrivez-le et gardez-le sur vous durant le reste de l'aventure jusqu'à ce que vous rencontriez Grott le Gredin. A ce moment-là, vous le lirez à haute voix avant d'utiliser vos sortilèges ou de combattre.

Mieux vaut maintenant regagner le corridor, au **75**, *avant que ces exercices poétiques ne vous aient complètement tourneboulé.*

140

Au moment où vous vous dirigez vers la porte, le couvercle du cercueil s'ouvre à la volée, laissant voir...
Rien ! Un cercueil vide.

Ce qui vous permet d'ouvrir la porte sans courir de danger et de vous rendre au **129**.

141

Bon sang, une réserve d'ail ! Pas étonnant que Draculina ait tout fait pour vous empêcher d'entrer ici !

Des colliers de têtes d'ail sont accrochés aux poutres, formant une sorte de rideau de perles derrière lequel on ne distingue pas grand-chose. Ce qui ne vous inquiète pas, d'ailleurs, car avec une telle quantité d'ail dans la pièce, vous avez peu de chance d'être attaqué par un Vampire.

En revanche, vous pouvez très bien l'être par un Loup-Garou. La créature vous saute à la gorge sans même vous laissez le temps de dire « ouf ». (A quoi cela servirait-il, d'ailleurs, de dire « ouf » ?) Le Loup-Garou possède 25 POINTS DE VIE, *inflige 3 Points de Dommage supplémentaires avec ses crocs, et vous devrez retrancher 2 points de tous les Dommages que vous lui infligerez, à moins de le combattre à l'aide d'une épée d'argent. Si le Loup vous égorge, rendez-vous au* **14**. *Si vous le tuez, rendez-vous au* **151**.

142

Quelle drôle d'idée d'avoir fait ça !

Mais voyons si vous allez pouvoir vous en tirer. Lancez deux dés. Si vous faites plus de 6, vous flottez jusqu'au **152**. *Si vous faites moins de 7, vous vous écrasez au* **14**.

143

Vous venez d'entrer dans un corridor orienté est-ouest qui aboutit à l'extrémité ouest à une porte secrète et, à l'extrémité est, à ce qui ressemble à l'entrée naturelle d'une grotte.

Vers l'ouest, la porte secrète vous conduit au **78**. *Pour examiner cette grotte de plus près, rendez-vous au* **153**.

141 *L'ail chasse les Vampires... Mais c'est un Loup-Garou qui surgit !*

144

Avez-vous déjà connu de ces journées où rien ne va, Pip ? Un groupe de Vampires en vadrouille s'avance vers vous dans le corridor.

Lancez un dé pour connaître leur nombre. Chacun d'eux possède 20 POINTS DE VIE, *porte un coup de croc avec un 5 et inflige 2 Points de Dommage supplémentaires. (Sans oublier le fait qu'il vous paralysera pendant trois Assauts consécutifs s'il sort un 12.) Si vous massacrez les Vampires (ou si par hasard vous avez sur vous une tête d'ail en or qu'ils fuiront comme la peste) rendez-vous au* **160**. *Sinon, prenez à contre-cœur le chemin du* **14**.

145

Une partie du mur coulisse, découvrant une porte à sens unique.

Qui vous conduit tout droit au **23**.

146

Non, rien ici que de la camelote — en pièces détachées, en plus.

Dédaignez tout ce fatras et continuez le long du corridor jusqu'au **167**.

147

Vous sautez d'un bond agile par-dessus la dalle de grès rouge, atterrissant d'un pied ferme sur la dalle de granit qui se trouve de l'autre côté.

Et celle-ci bascule pour vous faire tomber dans une fosse, ce qui vous coûte 15 POINTS DE VIE. *Si cette chute vous est fatale, rendez-vous au* **14**. *Sinon, vous aurez certainement d'autres occasions de vous faire tuer en continuant le long de ce passage jusqu'au* **161**.

148

Comme vous vous dirigez vers la porte, le couvercle du cercueil s'ouvre à la volée, laissant apparaître... Une très belle dame, pâle et élancée, avec des cheveux noirs et raides, une robe décolletée et *(gloup !)* une canine qui lui descend jusqu'au menton.
— Un petit baiser ? susurre-t-elle, aguicheuse.

C'est Draculina, sans aucun doute ; et il va falloir forcer votre passage si vous voulez ouvrir cette porte (ou même simplement survivre). Draculina possède 40 POINTS DE VIE, *porte un coup avec un 4 et vous suce vos* POINTS DE VIE *d'une façon particulière : une fois qu'elle aura réussi à vous porter un coup, vous perdrez 3* POINTS DE VIE *pour chaque Assaut, en plus de ceux indiqués par les dés, y compris pour les Assauts où vous rendrez les coups et ceux où elle n'aura pas réussi à vous toucher. Si vous survivez, vous pouvez ouvrir la porte de votre choix au* **141**. *Sinon, vous trouverez du sparadrap pour votre gorge au* **14**.

149

Même avec votre corde, vous n'arrivez pas au fond. Vous voilà donc suspendu en l'air dans le puits, essayant de trouver une solution (ce qui n'est pas si facile, vu les circonstances). Peut-être, après tout, êtes-vous tout près du fond. Le problème, c'est que vous ne voyez guère au-delà d'un mètre ou deux.

Si vous voulez prendre le risque de lâcher la corde et de sauter, rendez-vous au **162**. *Vous pouvez aussi, bien entendu, remonter en grimpant à la corde, retourner au* **115** *et faire un nouveau choix.*

150

Des chauves-souris, Pip ! Par milliers ! Un vrai cauchemar. Elles volent à travers la pièce comme un essaim d'abeilles. La plupart s'efforcent de vous éviter, il faut le reconnaître, mais il y a plusieurs Vampires parmi elles, qui essayent de vous mettre au menu de leur déjeuner.

Lancez deux dés pour savoir combien de Vampires vous sucent vos POINTS DE VIE. *Chacun ne possède que 5* POINTS DE VIE, *mais porte un coup avec un 4 et vous absorbe 3* POINTS DE VIE *par Assaut (quel que soit le résultat fourni par les dés.) Si ces affreuses bestioles vous vident de votre sang, rendez-vous au* **14**. *Si vous les mettez en fuite, vous pouvez battre précipitamment en retraite au* **75**.

151

Vous n'êtes pas encore sorti de l'auberge, Pip. Le corps du Loup-Garou se métamorphose : il s'al-

150 *Des milliers de chauves-souris volent à travers la pièce !*

longe, se tord, se déforme, frémit et finit par devenir un homme, un grosse brute velue et trapue qui se jette sur vous en rugissant comme une bête.

Cet échappé d'un film de terreur possède également 25 POINTS DE VIE, *inflige 3 Points de Dommage supplémentaires et vous devrez retrancher 2 points de tous les Dommages que vous lui infligerez, à moins de le combattre avec une épée d'argent. S'il vous tue, rendez-vous au* **14**. *Si vous le tuez, rendez-vous au* **163**.

152

Jarnicoton (comme on disait dans le temps à Avalon), vous flottez ! Vous lévitez, pour être plus exact. Vous montez comme une fusée (ou plus précisément comme un ballon gonglé d'air chaud), en direction de...
Bang !

C'est le bruit qu'a fait votre pauvre caboche en heurtant le plafond du puits de lévitation, vous coûtant du même coup 10 POINTS DE VIE. *Si le choc vous tue, rendez-vous au* **14**. *Sinon, vous pouvez sortir du puits à un niveau plus élevé et plus intéressant au* **164**.

153

Voici un décor totalement différent. Tout ce que vous avez pu voir jusqu'à présent de l'affreux Caveau de Grott portait la marque de la main de l'homme : les salles, les pièces, les corridors, les passages, les sols, les murs, les plafonds et ainsi de suite. Mais cette vaste caverne est l'œuvre de la nature, une formation calcaire torturée, pleine de recoins, de corniches, et qui évoque davantage l'antre d'un dragon ou de quelque autre créature de la même espèce. Vous avancez, attiré par une étrange lueur rouge à l'extrémité est de la caverne. La lumière semble provenir d'une sorte de fosse. Vous apercevez alors un message tracé sur une planche de bois, coincée dans une fente entre deux rochers. Cette inscription déclare :

Oh ! brave Aventurier, n'aie pas peur d'avancer, une fois !

Vous pouvez continuer en direction de la fosse au **168**, *ou, si cette pancarte vous a perturbé à ce point, retournez au* **78**.

154

Comme vous avancez en direction de la porte, le couvercle du cercueil s'ouvre à la volée, laissant apparaître... Rien ! Le cercueil est vide.

Ce qui vous permet d'ouvrir la porte sans risque et de vous rendre au **129**.

155

— Généreuse proposition, déclare Nosferax. Je vais donc composer la plus belle Ode à la Mort qu'on ait jamais entendue dans le monde entier. Voyons ...
Il commence à marcher en long et en large, à la

recherche de l'inspiration puis, enfin visité par la Muse, il déclame d'un ton solennel :

ODE A LA MORT
Par Nosferax le Poète

« Pour Grott le Gredin
Jamais de câlin
Plutôt estourbir
Ce sinistre sire. »

Notez par écrit ce poème court mais éloquent et gardez-le sur vous tout au long de votre aventure jusqu'à ce que vous rencontriez Grott le Gredin. Vous le lui lirez alors à haute voix avant de faire usage de vos sortilèges, ou de combattre.

Mieux vaut maintenant revenir dans le corridor, au **75**, *avant que ces exercices poétiques ne vous aient complètement tourneboulé.*

156

Le corridor, orienté nord-ouest sur quinze mètres à peine, aboutit soudain sur le mécanisme le plus élaboré et le plus déconcertant que vous ayez jamais vu. Des barreaux de fer ferment en effet ce passage comme la porte d'une cage, vous empêchant d'aller plus loin ce qui, d'ailleurs, ne vous émeut guère, car la créature que vous apercevez derrière les barreaux est proprement cauchemardesque : une sorte de Pieuvre Velue, armée de crocs venimeux et chaussée de lunettes à bordure d'écaille. Sur le côté (à droite, si vous tenez à plus de précisions), avant d'arriver aux barreaux, se trouve une boîte en métal brillant, munie au bas mot de dix-sept leviers, sous lesquels est alignée une rangée de boutons, sous lesquels encore une série de voyants lumineux clignotent

furieusement. A côté de cet engin est accroupi un vieux Gnome Punk (comme on en voit fréquemment dans les caveaux) vêtu avec goût d'un blouson en cuir clouté et d'un kilt Black Watch qui lui arrive aux chevilles, laissant dépasser des bottes-bananes.

— Bonjour, dit-il avec un large sourire, tout en s'essuyant le nez d'un revers de main. Vous avez préparé l'argent du péage ?

L'argent du péage ? Voilà qui n'augure rien de bon.

— Arrière, Gnome Punk ! vous exclamez-vous d'un ton majestueux. Car je suis Pip l'Audacieux Aventurier, connu comme Massacreur de Dragons, Pourfendeur de Sorciers, Sauveur du Royaume et autres titres divers et, si je désire passer, ce n'est pas un vieux fou chaussé de bananes qui va m'en empêcher !

— Crâne attitude ! commente le Gnome Punk, pas du tout impressionné. Mais ce n'est pas moi qui vais vous empêcher de passer. A moins que vous n'ayez un Denier de Feu à glisser dans la fente, la machine ne fonctionnera pas. Et si la machine ne fonctionne pas, les barreaux de la cage de Fido ne peuvent pas se relever. Et tant que les barreaux restent en place, on ne peut pas passer. Remarquez, ajoute-t-il pensif, que même une fois les barreaux relevés, il vous restera un problème à résoudre : Fido...

La Pieuvre Velue, tout excitée, manifeste son approbation en sautant sur place.

Alors, qu'allez-vous faire ? Une fente est en effet visible dans la boîte métallique et si, par hasard vous possédez un Denier de Feu, vous pouvez essayer de l'y glisser. Rendez-vous alors au **169**. *Le Gnome Punk bluffe peut-être, évidemment ; dans ce cas vous pouvez essayer d'abaisser quelques leviers au* **184**, *de forcer les barreaux au* **194**, *ou d'attaquer le Gnome au* **176**.

157

Boum !

Rendez-vous au **14**.

158

Vous raclez un peu de cette moisissure bleu vert sur le mur est et, pris d'un court instant de folie, vous la posez sur votre langue. Aussitôt, la moisissure semble, elle aussi, prise de folie dans votre bouche, elle se contorsionne, se convulse, émet d'étranges petits sons grinçants.

Et en plus, elle vous redonne un double lancer de dés de POINTS DE VIE, *au cas où il vous en manquerait quelques-uns. Cette moisissure est de la pénicilline douée d'intelligence, espèce des plus rares qui désormais vous redonnera automatiquement un double lancer de dés de* POINTS DE VIE *à la fin de chaque combat que vous livrerez. (Mais seulement une fois par combat, et non lorsque vous aurez perdu des* POINTS DE VIE *du fait de chutes, de pièges ou autres sottises.) Maintenant vous pouvez décider de fouiller ou non la pièce pleine de camelote au* **146**, *ou simplement continuer vers le sud au* **167**.

159

Whoups !
Vous êtes tombé dans une fosse. La dalle en grès était montée sur pivot et quand vous avez marché dessus, elle a basculé.

Pour tout arranger, vous vous êtes mal reçu et vous perdez du coup 10 POINTS DE VIE. *Si cette chute vous est fatale, rendez-vous au* **14**. *Sinon, peut-être aimeriez-vous examiner plus attentivement la trappe située*

159 *Whoups ! La dalle en grès a basculé, découvrant une fosse !*

au fond de la fosse au **170**, *ou alors vous extirper de là et continuer votre chemin jusqu'au* **161**.

160

Au cinéma, quand on tue un Vampire, il s'effondre aussitôt, instantanément réduit en poussière, misérable monticule où ne subsiste plus qu'une volumineuse chevalière. Cette fois-ci, rien de tel : votre dernier adversaire gît simplement à terre ; parmi les autres cadavres de Vampires qui jonchent le sol, étalés n'importe comment et parcourus de frémissements...

De frémissements ? Vous avez tué les Vampires, les étendant raides morts. Alors comment pourraient-ils frémir encore ? L'un des Vampires ne se contente pas de frémir, il se relève en vacillant. Et se tourne vers vous...

Si vous vous mettez à courir comme un dératé, vous vous retrouverez au **90**. *Si vous êtes prêt à affronter ce Non-Mort... qui a déjà survécu à tous vos efforts pour le trucider, rendez-vous au* **171**, *avec mille bénédictions.*

161

Poursuivant votre chemin, vous arrivez à la hauteur d'une solide porte en bois légèrement entrebâillée, comme c'est le cas dans la plupart des tombeaux, puisque la majorité de leurs occupants n'ont rien à cacher. L'ouvrant un peu plus, vous jetez un coup d'œil dans une pièce basse de plafond, apparemment sans issue. L'odeur qui y règne vous révèle aussitôt la présence d'un Troll, avant même que vous ne l'ayez aperçu assis sur une malle en bois cerclée de métal, en train de curer ses ongles sales avec une dague de cristal.

La dernière fois que vous avez vu une dague de cristal de ce genre, c'était sur une île située non loin des côtes de Grèce, et Nosferax le Poète s'en servait pour tuer ses adversaires d'un seul coup. Si vous êtes prêt à risquer d'être tué d'un seul coup, vous pouvez vous battre avec le Troll au **172**. *Mais, comme il ne vous attaque pas, vous pouvez, si vous le préférez, regagner la fourche et, de là, la branche sud-ouest qui vous amènera au* **138**, *tandis que la branche sud-est vous conduira au* **144**.

162

Espérant vaguement tomber dans l'eau, vous vous pincez le nez et vous lâchez la corde.

Malheureusement, vos espoirs se révèlent totalement vains. Ces craquements que vous entendez, ce sont vos os qui se brisent lorsque vous atterrissez enfin au fond du puits. Vous pouvez vous remettre de vos émotions au **14**.

163

Votre bagarre avec toutes ces horreurs a fait dégringoler pas mal des guirlandes de gousses d'ail qui pendaient un peu partout, vous permettant d'apercevoir un très curieux objet parmi les débris sanglants éparpillés sur le sol. Cet objet est une admirable réplique en or d'une gousse d'ail, que vous ajoutez aussitôt, inutile de le dire, au petit butin que vous avez déjà accumulé.

Vous apercevez également, dans le mur nord de cette pièce, une porte menant au **173**. *Si vous ne voulez pas vous y rendre, vous pouvez toujours revenir à la fourche, dont les branches conduisent, pour le cas où vous l'auriez oublié, au nord-ouest (rendez-vous au* **123***) et au nord-est (rendez-vous au* **131***).*

164

Vous émergez du puits sous un soleil éblouissant. Clignant des yeux pour vous accoutumer à la lumière, vous jetez ensuite un coup d'œil alentour. Vous vous trouvez au bord d'une route sinueuse.

Qui vous conduira, si vous l'empruntez, au **36**. *S'il vous est encore possible d'utiliser le sortilège AIP et que vous vouliez redescendre dans le puits, vous pouvez sauter dans le vide, lancer le sortilège et, s'il fonctionne, vous rendre au* **174**. *Si le sortilège ne fonctionne pas, ou si ne pouvant pas en faire usage, vous avez malgré tout sauter dans le puits, rendez-vous au* **180**.

165

Le corridor est orienté sud-ouest sur une certaine distance avant de tourner vers l'ouest dans une gracieuse courbe où flâne un Lézard. Une étrange créature vêtue d'une veste d'intérieur et coiffée d'un melon, aristocratiquement dressée sur les pattes arrière. En vous apercevant, il avance d'un pas, une main (une patte ?) levée.

— Halte ! s'écrie le Lézard Flâneur d'une voix légèrement sifflante. Il est absolument interdit (pour ne pas dire impossible) d'avancer au-delà de ce point sans me remettre d'abord un objet de grande valeur, à savoir... (Il observe une pause solennelle, puis conclut...) L'Anneau du Vampire !

Il sourit, exhibant des dents de crocodile, puis tend la main (la patte ?) vers vous.

Etes-vous en possession d'un Anneau du Vampire ? Et si oui, allez-vous le donner docilement au Lézard Flâneur au **182** *? Ou bien préférez-vous revenir sur vos pas au* **90** *pour faire un nouveau choix ? Mais peut-*

être estimerez-vous suffisant de faire marche arrière jusqu'à la fourche pour prendre la direction nord-ouest au **156** *? Enfin, si vous êtes d'humeur belliqueuse, vous pouvez essayer de tapisser les murs avec la peau de cet iguane monté en graine au* **189**.

166

— Pauvreté n'est pas vice, fait remarquer Nosferax d'un ton déçu. Acceptez, je vous prie, l'Ode suivante avec mes compliments. Maintenant, voyons un peu...
Il commence à marcher en long et en large, à la recherche de l'inspiration puis, enfin visité par la Muse, il commence à déclamer avec solennité :

ODE A LA MORT
de Nosferax le Poète

« Grott le Gredin,
Ce vieux babouin
Sera haché
En chair à pâté. »

Notez par écrit cette horreur et gardez-la sur vous jusqu'à la fin de cette aventure, jusqu'à votre rencontre avec Grott le Gredin. Vous le lui lirez alors à haute voix avant de lancer vos sortilèges ou de combattre.

Maintenant, mieux vaut revenir dans le corridor, au **75**, *avant que ces exercices poétiques ne vous aient complètement tourneboulé.*

167

Le corridor se prolonge en direction du sud. Cependant, cinq mètres plus loin, une autre porte défoncée s'ouvre dans le mur ouest. Un simple coup d'œil à l'intérieur vous permet de reconnaître un nouvel entrepôt, lui aussi pillé depuis longtemps : caisses éventrées, tonneaux percés, coffres renversés aux quatre coins de la pièce, dont le sol est couvert de débris et de détritus.

Ce qui ne signifie nullement que les recherches soient inutiles. Vous pouvez les mener à bien au **175**. *A moins que vous ne préfériez continuer tout bonnement vers le sud au* **186**.

168

Une créature sort en rampant de cette fosse, Pip. Une créature terrifiante. Ses muscles puissants roulent sous une peau épaisse comme du cuir, et elle a des ailes de chauve-souris, de petites cornes pointues et de grandes dents acérées. Pour un peu, vous jureriez que c'est un Démon.

Et vous auriez parfaitement raison. Ce Démon possède en particulier 30 POINTS DE VIE, *porte un coup avec un 5 et inflige 3 Points de Dommage supplémentaires. Sa peau est si épaisse qu'elle lui tient lieu d'armure, rebranchant 2 de tous les Points de Dommage qui lui sont infligés. Comme la plupart des Démons, il éprouve une véritable aversion pour les aventuriers. Si vous survivez à cette fâcheuse rencontre et si vous êtes assez marteau pour avoir envie de le faire, vous pouvez jeter un coup d'œil au fond du puits au* **177**. *Par ailleurs, bien entendu, vous êtes libre de dédaigner le puits et de retourner au* **84**.

169

D'un geste rapide, vous glissez le Denier de Feu dans la fente (assez content, à dire vrai, de vous en débarrasser). Aussitôt, les barreaux commencent à remonter dans le plafond.

— Eh bien, moi, je file ! déclare le Gnome Punk, disparaissant à la vitesse grand V.

— *Grrrr !* grogne Fido en vous bondissant dessus.

L'idée de glisser une pièce dans la fente de cette machine n'était peut-être pas géniale, Pip ; mais maintenant c'est fait et vous ne pouvez plus reculer. Fido est un monstre hideux et mortellement dangereux ; l'un des pires ennemis que l'on puisse rencontrer dans tout ce fichu Caveau. Il possède 30 POINTS DE VIE, *porte un coup avec un 4 et inflige 1 Point de Dommage supplémentaire, ce qui peut paraître minime, mais vous vous rendrez vite compte qu'avec tous ses bras, il peut lancer deux attaques pendant que vous en lancez une. Fido fera de son mieux pour vous expédier au* **14** *dans les plus brefs délais mais, si vous survivez à cette rencontre, vous pouvez continuer joyeusement votre chemin jusqu'au* **178**.

170

Cette trappe n'est vraiment pas facile à ouvrir, Pip.

En fait, il va falloir, pour y parvenir, utiliser les dés. Lancez tout d'abord un dé pour connaître votre FORCE. *Notez le résultat. Maintenant lancez-en un autre pour savoir jusqu'à quel point la porte de la trappe est coincée. Si le premier résultat obtenu est supérieur au second, rendez-vous au* **179**. *Sinon, votre seule possibilité est de vous extirper de cette fosse, et de continuer votre chemin jusqu'au* **161**.

171

— Défends-toi, horrible créature des ténèbres, hideux habitant des cryptes et des tombes, sinistre émanation de...
Vous vous interrompez, sidéré. Le Vampire, qui titubait vers vous, une lueur affamée dans le regard, s'effondre de nouveau et tombe en poussière, ne laissant à sa place qu'une volumineuse chevalière. Dans un ultime effort, il a rendu son dernier soupir. (Personne ne vous empêche de rêver !) Toujours avide de butin, vous plongez sur la chevalière qui, bien que massive, est juste de la taille du médius de votre main gauche.

Et elle possède la curieuse propriété de vous transformer provisoirement en chauve-souris si vous la frottez trois fois. Frottez la chevalière vous prend le temps d'un Assaut mais, dès que vous l'aurez fait, votre adversaire devra obtenir un minimum de 7 pour vous toucher durant tout le reste du combat. Cela signifie également que vous ne pourrez pas vous servir d'E.J., mais que vous réussirez à mordre en sortant un 4 et ferez alors couler des flots de sang en infligeant 4 Points de Dommage supplémentaires, ce qui est presque aussi bien. Mieux vaut maintenant vous mettre en route avant qu'un autre de ces Vampires ne commence lui aussi à s'agiter. Vous pouvez continuer tranquillement jusqu'au **181**.

172

— *Yaah-hii !* hurlez-vous.

Et, d'un bond spectaculaire, vous faites irruption dans la pièce, dans la plus pure tradition samouraï, en faisant tournoyer E.J. au-dessus de votre tête si violemment que la malheureuse en attrape le mal de mer.

— Ta dernière heure est arrivée, Gnome affreux !

Possible, mais pas forcément. Le Gnome ne devrait pas être bien difficile à neutraliser, car il ne possède que 12 POINTS DE VIE. *Il porte néanmoins un coup avec un 6 et, s'il est trop chétif pour infliger des Dommages supplémentaires, peu importe, en réalité, car un seul coup porté par cette dague en cristal suffira amplement à vous étendre raide mort. Si vous êtes tué, rendez-vous au* **14**. *Si vous survivez, vous pouvez faire basculer le cadavre du Gnome à côté de la malle et en examiner le contenu au* **183**.

173

Vous venez d'entrer dans une pièce tapissée de métal, sans la moindre issue visible. Sur le mur nord se trouve un levier au-dessus duquel une inscription gravée sur une plaque déclare :

ABAISSEZ !

Vous hésitez. A diverses occasions déjà, lorsque vous avez abaissé un levier comme celui-là, le sol s'est dérobé sous vos pieds ou le plafond s'est effondré. Vous examinez donc le sol avec soin, mais il est solide comme le roc. Vous tâtez alors le plafond avec l'aide d'E.J. mais, pour autant que vous puissiez en juger, il est parfaitement normal. De nouveau, vous examinez le levier. Avec une inquiétude grandissante.

Si vous décidez de l'abaisser, vous pourrez savoir ce qui s'est passé au **208**. *Sinon, la seule façon de progresser, semble-t-il, c'est de reculer, si l'on peut dire, en revenant sur vos pas jusqu'à la fourche dont la branche nord-ouest mène au* **123** *et la branche nord-est au* **131**.

174

Bien joué, Pip ! Vous descendez en flottant, léger comme une plume, jusqu'au fond de ce puits, qui se révèle totalement dénué d'intérêt, en dehors des ossements des précédents aventuriers qui, eux, se sont fracassés en tombant en chute libre. Comme il n'y a pas d'autre issue, vous utilisez le reste de l'énergie de votre sortilège AIP pour remonter en lévitant jusqu'au niveau où vous vous trouviez avant d'être transporté au sommet.

A ce stade-là, vous pouvez continuer à léviter jusqu'au sommet et prendre la route vers le **36**, *ou vous arrêter à ce niveau et revenir à la fourche, dont la branche nord-ouest conduit au* **123** *et la branche nord-est au* **131**.

175

Par Jupiter (dieu romain), cela valait vraiment la peine de chercher ! Parmi toutes les saletés et tous les détritus que vous avez remués, vous découvrez une superbe épée en argent !

— Qu'est-ce que tu veux faire d'un vieux machin comme ça ? demande E.J. d'un ton rogue (par pure jalousie, sans aucun doute.)

Sans lui répondre, vous glissez l'épée dans votre sac à butin, prête à servir si jamais (ce qu'à Dieu ne plaise) E.J. était perdue, volée, cassée ou simplement trop loquace pour être supportable.

Nanti de votre épée d'argent, vous pouvez maintenant vous engager joyeusement dans le corridor pour gagner le **186**.

176

Vous bondissez, agressif, et le Gnome Punk, terrifié, s'affale sur le dos.

— Je me rends ! hurle-t-il. Ne me tuez pas ! Je me rends ! Je cède ! Je renonce ! Je signerai une confession ! Prenez tout mon argent !

Un peu déçu, vous relevez votre épée.

Qu'allez-vous faire maintenant ? Il vous reste encore, comme problèmes à résoudre, les barreaux, la machine à péage et la Pieuvre Velue. Si vous décidez de prendre l'argent du Gnome Punk comme il vous le propose si aimablement, rendez-vous au **187**. *Par ailleurs, si par hasard vous possédez un Denier de Feu, peut-être avez-vous envie de le glisser dans la fente au* **169**. *Sinon, vous pouvez toujours essayer d'abaisser quelques leviers au* **184**, *ou vous attaquer aux barreaux au* **194**.

177

Ma parole, il y en a d'autres ! Exactement les mêmes que celui que vous avez réussi à occire. Des ailes, des

176 *« Je me rends ! » hurle le Gnome Punk terrorisé.*

cornes, des muscles puissants... Ils sont en train de se baigner dans une coulée de lave (origine de cette lueur rouge) et ils se livrent pour s'amuser à un jeu de hasard avec des Deniers de Feu, pièces de monnaie d'une incroyable rareté, si prisées par la précédente génération d'aventuriers d'Avalon.

Lancez deux dés pour savoir combien il y a de Démons dans la fosse, puis réfléchissez un instant. Vous ne pouvez raisonnablement pas descendre dans la coulée de lave mais, la fosse n'étant pas très large, vous devriez réussir à la franchir d'un bond, ce que vous pouvez tenter de faire au **185**. *Ou bien vous pouvez battre précipitamment en retraite avant que les Démons ne vous aient repéré, et revenir sur vos pas au* **84**. *Ou encore, si vous êtes vraiment téméraire, vous pouvez jeter le cadavre du Démon dans la fosse, dans l'espoir d'inciter les autres à en sortir, au* **190**.

178

Fido éliminé, il vous est maintenant possible de traverser cette partie du corridor qui lui servait de cage, et de vous diriger vers le nord-ouest. Au bout d'un moment, le sol commence à descendre de façon assez sensible, et c'est en redoublant de prudence que vous continuez à avancer, jusqu'au moment où le passage s'interrompant, vous débouchez brusquement sur une longue galerie dont les murs garnis de miroirs

reflètent la lueur de votre torche dans une explosion de lumière qui dissipe aussitôt la pénombre familière du Caveau.
— Félicitations, chuchote une voix.
Nerveux, vous jetez un coup d'œil alentour. La dernière fois que vous êtes entré dans une pièce tapissée de miroirs, des répliques déformées de vous-même sont sorties des glaces pour vous attaquer. Mais dans celle-ci, il ne se passe rien de tel (pas encore, du moins). Mais, impossible de savoir d'où provient cette voix !
— Vous vous en tirez à merveille, reprend la voix, toujours chuchotante. Si je ne savais pas que vous allez mourir bientôt, je m'inquiéterais sérieusement.
— Qui êtes-vous ? demandez-vous en regardant tout autour sans rien voir que des reflets de vous-même dans les glaces.
— Qui je suis ? Mais Grott, bien sûr. Grott l'Affreux Gredin, comme on m'appelle. Vous ne sentez donc pas le gaz empoisonné ?
Suffoqué d'horreur, vous ouvrez tout grand la bouche, ce qui n'est peut-être pas la réaction la plus appropriée.
— Non, bien sûr, vous ne sentez rien, chuchote Grott, car il n'y en a pas dans ce lieu. Et même s'il y en avait, il se dissiperait dans le corridor qui vous a amené ici. D'ailleurs...
Crrrrrr !
Une grande dalle de rocher glisse en travers du corridor, en bloquant complètement l'entrée.
— N'espérez pas me terroriser ! lancez-vous, estimant que vous ne gagnerez rien à rester silencieux, même au risque de dire une ânerie.
— Non, c'est exact. Mais je peux peut-être vous tuer. Avez-vous remarqué qu'il y avait trois miroirs sur le mur, juste en face de vous ? Dans trente

secondes exactement, l'un d'eux va laisser passer un gaz empoisonné contre lequel *il n'existe aucun antidote connu !* Votre seule chance de vous en tirer, c'est de lancer un sortilège NIP sur ce miroir, ce qui le neutralisera et l'empêchera de cracher du gaz. Néanmoins, vous n'avez le temps de lancer qu'un seul sortilège, aussi feriez-vous bien de jeter vos dés et de choisir ensuite le bon miroir, à savoir, je me permets de vous le dire, et remerciez-moi pour ce conseil, celui présentant l'aspect le plus sinistre.

Qu'est-ce qu'il peut bien entendre par sinistre ? Ces trois miroirs sont rigoureusement semblables. Mais le moment est mal choisi pour entamer une discussion philosophique, Pip. Mieux vaut faire appel à votre sortilège NIP. Vous avez une chance de sortir le bon chiffre, et une seule chance aussi de choisir le bon miroir. Commencez par lancer le sortilège. Si vous ne sortez pas le bon chiffre pour pouvoir lancer le sortilège, rendez-vous, blême et suffocant, au **14**. *Si vous sortez le bon chiffre, encore faut-il réussir à jeter le Neutraliseur sur le bon miroir. Si vous voulez le jeter sur le miroir de gauche, rendez-vous au* **188**. *Si vous choisissez celui du milieu, rendez-vous au* **200**. *Si vous préférez celui de droite, rendez-vous au* **210**.

179

C'est gagné ! En bandant vos muscles puissants, vous avez arraché de ses gonds la porte de la trappe, qui s'est brisée contre l'une des parois de la fosse. Vous vous penchez en avant et vous jetez un coup d'œil vers le fond... Il existe, dirait-on, une fosse sous la fosse dans laquelle vous êtes tombé. Il n'y a ni escalier ni échelle, mais le sol de cette deuxième fosse n'est qu'à trois mètres en contrebas et vous pourriez donc vous laisser tomber sans grand risque, si ce

179 *A l'intérieur du coffret, une perle luit d'un éclat bleuté sur son coussin de velours.*

n'est peut-être deux jambes cassées et plusieurs côtes fêlées. Au milieu du sol est posé un petit coffre en bois ; il est ouvert, ce qui est bien tentant car, sur un coussin en velours, à l'intérieur, se trouve une grosse perle à l'éclat bleuté. Absolument rien ne vous empêche de sauter agilement dans la deuxième fosse et de vous emparer de la perle. A moins de tenir compte des rats, bien sûr : le fond de la deuxième fosse en grouille littéralement.

Voulez vous sauter au **191** *? Mais si vous possédiez une corde, peut-être pourriez-vous essayer de prendre le coffret au lasso au* **201**...

180

Franchement, ce n'était pas la décision la plus intelligente à prendre, Pip.

Sujet de réflexion intéressant tandis que vous tombez en poussant des cris affreux jusqu'au **14**.

181

Le corridor se poursuit en direction du sud-est sur près de cent cinquante mètres et, tout en avançant, vous remarquez que les murs virent progressivement au rouge. (Pour signaler un danger ? Eh bien, peut-être...) Vous prenez le temps de les examiner, vous demandant vaguement s'ils ne sont pas par hasard chauffés au rouge, ou autre phénomène aussi inquiétant, mais une inspection approfondie ne révèle rien de plus troublant qu'un savant camaïeu de rouges, conçu sans doute pour se marier harmonieusement avec la porte rouge vif à laquelle aboutit le corridor. Vous vous immobilisez un instant, déconcerté, et vous examinez la porte rouge où une large pancarte, placée bien en vue, annonce :

Les appartements privés de Grott, hein ? Exactement l'endroit que vous cherchiez... Si tant est que vous puissiez vous fier à cette pancarte. De toute façon, vous pouvez essayer d'ouvrir la porte au **192**. *Et, bien entendu, vous êtes également libre de retourner à la fourche, où vous trouverez un corridor sud-ouest conduisant au* **138** *et un corridor sud-est conduisant au* **144**.

182

Le Lézard Flâneur mord l'Anneau entre ses dents, comme pour vérifier l'authenticité d'une pièce de monnaie, mais il ne connaît manifestement pas sa force car il le réduit aussitôt en poussière.

— Dites donc ! protestez-vous. Cet Anneau avait une grande valeur !

— Tout à fait exact, acquiesce le Lézard. Mais je vous rends service en le détruisant.
— Je ne vois pas en quoi, marmonne E.J. qui écoutait.
— Je ne vois pas en quoi, commentez-vous d'un air sombre (en lançant un regard courroucé vers E.J.).
— Vous allez le comprendre quand vous regarderez au-delà du tournant, vous explique allègrement le Lézard.
Suivant du regard la direction qu'il indique, vous jetez un coup d'œil au-delà du tournant. Un peu plus loin, deux piliers d'argent semblent monter la garde de chaque côté du corridor, reliés entre eux par le jaillissement d'une sorte d'éclair miniature qui monte et qui descend en crépitant et en dégageant une caractéristique odeur d'ozone. On dirait un de ces bidules dont se sert n'importe quel Savant Fou pour animer le Monstre de Frankenstein.
— Qu'est-ce que c'est ? chuchotez-vous, le souffle coupé.
— C'est un de ces bidules dont se sert le Savant Fou pour animer le Monstre de Frankenstein, répond le Lézard. Il déclenche la magie de l'Anneau du Vampire. Si vous étiez passé entre les piliers en portant cet Anneau, vous auriez sûrement avalé votre bulletin de naissance.
— Et si je passe entre les piliers sans l'Anneau ?
— Très bonne question, acquiesce le Lézard, sans toutefois songer à fournir une réponse adéquate.

Mais si vous voulez continuer votre chemin, il va bien falloir passer entre les piliers au **193**. *Mais peut-être jugerez-vous plus prudent de revenir sur vos pas jusqu'au* **90** *pour faire un nouveau choix ? A moins que, de retour à la fourche, vous vous engagiez dans le corridor orienté nord-ouest au* **156** *?*

183

Toutes ces pierres précieuses ! Il doit y en avoir au bas mot pour deux mille trois cent quarante-sept Pièces d'Or. Emeraudes, rubis, saphirs, diamants ! (Aucune n'est de taille importante, d'accord, mais que pouvez-vous espérer, pour avoir massacré un chétif petit Gnome ?)

Et puis il y a, bien sûr, cette redoutable dague en cristal avec laquelle le Gnome essayait de vous mettre à mal... Si vous décidez de l'utiliser à un moment quelconque à la place d'E.J...

— Hé là, minute ! gromelle E.J., qui écoute une fois de plus aux portes de votre pensée et a surpris des réflexions qui ne lui plaisent guère.

... Il vous faudra alors sortir un 6 pour porter un coup, mais vous pourrez étendre votre adversaire raide mort en le frappant une seule fois. L'ennui, c'est que la dague de cristal se désintégrera sous le choc ; elle ne peut donc servir qu'une seule fois.

Emballez votre butin et continuez votre chemin dans la même direction, jusqu'au **195**.

184

Vous empoignez un levier et vous l'abaissez. Rien ne se passe. Vous recommencez avec un autre. Un éclair de Doigt de Feu jaillit du levier et vous transperce la main, vous enlevant du même coup 10 précieux POINTS DE VIE.

— Ne touchez plus à ces leviers, hurle le Gnome Punk.

Si la perte de vos POINTS DE VIE vous a tué, ne lui prêtez aucune attention et rendez-vous au **14**. *Sinon, vous pouvez continuer à abaisser des leviers au* **196**, *essayer de forcer les barreaux au* **194** *ou attaquer le Gnome au* **176**.

185

Vous reculez d'un pas, vous prenez une profonde aspiration, vous vous décontractez un instant, puis vous vous ruez en avant, courant à toutes jambes, et...

... Vous lancez deux dés. Si vous faites moins de 6, rendez-vous au **197**. *Si vous faites 6 ou plus, rendez-vous au* **206**.

186

Le corridor finit par aboutir au bas d'une étroite volée de marches. Vous commencez à les monter, à pas prudents, et vous vous heurtez soudain la tête contre une trappe qui vous barre le passage. D'un geste précautionneux, vous soulevez le panneau de bois qui, comme vous allez bientôt le constater, est équipé d'un système de fermeture des plus ingénieux. En effet, à peine l'avez-vous franchie, que la trappe se referme avec bruit derrière vous, disparaissant dans le sol sans plus offrir la moindre prise qui vous permettrait de l'ouvrir à nouveau. Vous vous redressez et vous regardez autour de vous.

Pour vous apercevoir que vous vous trouvez à nouveau au **48**.

187

Le Gnome transporte tout un lot de monnaies anciennes (sans doute volées dans un musée, et dont un prêteur sur gages en veine de générosité donnerait — peut-être — 5 Pièces d'Or). Un rapide coup d'œil dans le tas vous permet de constater qu'il ne comprend pas de Denier de Feu ou autre pièce intéressante. Quelque peu désabusé, vous vous apprêtez à les jeter, lorsque, instinctivement, l'idée vous vient

d'examiner les pièces d'argent. Parmi la banale collection habituelle de shillings, de pistoles et de florins, vous repérez une pièce minuscule, d'une espèce inconnue.
— C'est quoi, ça ? demandez-vous, soupçonneux, au Gnome.
— C'est une pièce de trois pence en argent, répond-t-il d'un air anxieux. Magique, bien entendu, et vous ne devez en aucune circonstance mordre dedans.
— Et qu'est-ce qui se passe, si je mords dedans ?
— Je ne sais pas... Je n'ai jamais essayé.

Intéressant... Néanmoins, il vous reste toujours le problème des barreaux, de la machine à péage et de la Pieuvre Velue à résoudre. Vous pouvez essayer d'introduire l'une des pièces du Gnome dans la fente, au **198**. *Vous pouvez encore tenter d'abaisser quelques leviers au* **184**, *ou de forcer les barreaux au* **194**. *Mais si vous voulez donner un coup de dents dans la pièce magique de trois pence, il faut vous rendre au* **205**.

188

Accompagné du brusque coup de cymbales familier précédant les premières mesures de l'ouverture de Guillaume Tell qui résonne en général lorsque votre magie opère, le sortilège NIP baigne le miroir de gauche d'un halo de lumière bleue. Et les deux autres miroirs se brisent aussitôt, laissant échapper le mortel sifflement d'un gaz nauséabond.

Qui, toutefois, ne vous fera aucun mal, à part vous couper l'appétit pendant les trois paragraphes suivants. Derrière chacun des miroirs brisés se trouve une porte. Celle qui s'ouvre derrière le miroir du milieu conduit au **199**. *Celle qui s'ouvre derrière celui de droite conduit au* **207**.

189

L'iguane monté en graine possède le nombre terrifiant de 40 POINTS DE VIE, *mord avec un 4 et inflige 3 points de Dommage supplémentaires avec ses dents de crocodile. S'il vous tue, rendez-vous au* **14**. *Sinon, le mieux est de gagner le* **202**.

190

Le problème quand on vit une aventure, Pip, c'est qu'on ne peut jamais prévoir le résultat d'aucune action. Prenons, par exemple, votre décision de jeter le cadavre aux Démons. On pourrait imaginer que l'irruption d'un énorme cadavre malodorant au milieu de leurs jeux les mettrait dans une telle fureur qu'ils sortiraient en masse de leur fosse comme des asticots d'un vieux fromage. Mais pas du tout. Tout ce que vous récolterez pour votre peine, c'est un Denier de Feu que l'un d'entre eux, d'un geste négligent, a essayé de vous jeter à la figure.

Saisissez le Denier de Feu, que vous pourrez peut-être mettre au clou comme objet de curiosité, puis décidez de ce que vous allez faire maintenant. Peut-être souhaitez-vous sauter par-dessus la fosse au **185** *? Ou alors pensez-vous qu'il est plus prudent de rebrousser chemin jusqu'au* **84** *?*

191

Les rats glapissent en s'enfuyant dans toutes les directions (depuis quand n'avez-vous pas pris de bain ?) ; il ne vous reste plus qu'à savoir si vous vous êtes blessé en sautant.

Lancez deux dés. Si vous faites moins de 7, vous êtes indemne. Si vous faites plus de 6, déduisez le double du chiffre obtenu de vos POINTS DE VIE. *Si vous en mourez, rendez-vous au* **14**. *Sinon, vous pouvez en profiter pour rafler la perle au* **203**.

192

Ce ne sont pas les appartements privés de Grott ! Ce ne sont les appartements privés de personne ! En fait, ce ne sont même pas des appartements. Pas la moindre pièce derrière la porte, simplement un corridor peint en rouge continuant dans la direction où vous allez, tout a fait semblable à... Ah ! mais non, il y a quand même une légère différence avec celui que vous suiviez ; le sol de celui-ci est poli comme un miroir. Et il s'incline légèrement...
Vos pieds glissent en avant. Le corridor s'incline davantage. Vous luttez avec l'énergie du désespoir pour reprendre votre équilibre. Des visions de créatures monstrueuses ou de fosses remplies de lave vous traversent l'esprit. Vous vous jetez à la renverse, espérant contre tout espoir pouvoir revenir à la porte...

Mais y parviendrez-vous ? Lancez un dé. Si vous faites 5 ou 6, vous parvenez à grimper à quatre pattes jusqu'à la porte rouge, d'où vous pourrez revenir sur vos pas jusqu'à la fourche, dont la branche sud-ouest vous amènera au **138**, *tandis que la branche sud-est vous amènera au* **144**. *Si vous faites n'importe quel autre chiffre, rendez-vous au* **220**.

193

La tête haute, vous vous avancez entre les piliers, qui aussitôt vous restituent tous les POINTS DE VIE que vous aviez perdus jusque-là.
Au-delà, le corridor se poursuit en ligne droite sur environ cinquante mètres, aboutissant à une lourde

porte métallique sans poignée ni serrure visibles. Vous vous en approchez avec précaution, n'ayant pas la moindre envie d'être expédié au **14** alors que votre aventure touche à sa fin, mais rien n'en surgit qui pourrait vous priver de vos derniers POINTS DE VIE. Malheureusement, la porte ne s'ouvre pas. En l'examinant avec attention vous découvrez, à hauteur d'épaule, une curieuse découpure dans le métal ; un ajourage en forme d'étoile à six branches où l'on pourrait insérer un médaillon en étain.

Si par hasard vous possédez un médaillon d'étain (en particulier s'il est en forme d'étoile à six branches), vous pouvez l'insérer dans la découpure au **213**. *Sinon, la seule solution qui vous est offerte est de revenir au* **90**. *Là, en faisant pivoter la statue, vous pourrez vous diriger vers le nord au* **95**, *vers le sud au* **102** *ou vers l'ouest au* **113**.

194

Zzzzzzst !
Ces saletés de barreaux sont électrifiés ! Ce qui vous vaut de perdre douloureusement 15 POINTS DE VIE.

Si la décharge vous tue, rendez-vous au **14**. *Sinon, vous pouvez glisser un Denier de Feu (si vous en possédez un) dans la fente au* **169**, *abaisser quelques leviers au* **184**, *ou encore attaquer le Gnome au* **176**.

195

Le corridor, qui était orienté sud-ouest, tourne maintenant vers le sud et aboutit à une vaste pièce sans issue visible, au centre de laquelle se trouve un énorme cube de cristal. Un étrange bourdonnement emplit l'air lorsque vous pénétrez dans la pièce ; un

bourdonnement qui s'intensifie ou diminue selon que vous vous approchez ou vous éloignez du cube. Vous contournez avec prudence cet étrange objet (vous demandant en fait si ce ne serait pas un dé géant ; mais ce n'en est pas un) et vous découvrez sur sa face sud le chiffre 90, profondément gravé dans le cristal. Avec plus de précautions encore, vous avancez d'un pas, et le bourdonnement augmente ; vous voyez alors soudain d'où il provient. Du sommet du cube de cristal s'élève un essaim presque transparent d'Abeilles de Cristal. Elles n'attaquent pas, mais se lancent dans des vols savants pour s'organiser en formation et tracer un mot dans les airs. Le mot HALTE !
Vous obtempérez, non par souci d'obéissance, mais pour réfléchir aux possibilités qui vous sont offertes.

Elles semblent assez limitées, du fait que, si vous voulez approcher davantage du cube de cristal, il vous faudra probablement lutter contre les Abeilles de Cristal — situation que vous pouvez étudier au **223**. *A part ça, la seule solution est de revenir sur vos pas jusqu'à la fourche, dont la branche sud-ouest conduit au* **138**, *tandis que la branche sud-est mène au* **144**.

196

Intrépide, vous abaissez un autre levier. Aussitôt, une Boule de Feu géante jaillit de la machine et vous engloutit, vous enlevant d'un seul coup 200 POINTS DE VIE, que vous ne possédiez même pas à l'origine.
— Je vous avais prévenu, commente le Gnome Punk sur un ton sentencieux.

Tandis que votre dépouille carbonisée va chercher le repos éternel au **14**.

197

Splat ! Splash ! Crrrrr !

Rendez-vous au **14**.

198

Pas de chance ; ça ne marche pas. En vérité, vous avez de la chance de pas avoir déclenché un de ces diaboliques mécanismes dont le caveau est truffé !

Vous pouvez toujours essayer d'abaisser quelques leviers au **184**, *ou de forcer les barreaux au* **194**. *Mais si vous voulez donner un coup de dent dans la pièce magique de trois pence, rendez-vous au* **205**.

199

Vous ouvrez la porte à la volée et vous étouffez une exclamation en vous retrouvant en équilibre instable au bord d'un abîme sans fond. Quel endroit épouvantable pour installer un autre piège ! Et sans le moindre avertissement, en plus ! Mais nul doute qu'y ayant échappé, Grott doit être furieux !

Peut-être, mais pas forcément. Car vous vacillez dangereusement au bord du gouffre. Lancez vite deux dés. Si vous faites plus de 7, vous parvenez à reprendre votre équilibre. Faites alors quelques pas en arrière pour examiner au **207** *une porte qui, espérons-le, vous fera courir moins de risques. Si vous faites n'importe quel autre chiffre, vous basculez dans le vide, en route pour le* **14**.

200

Ssssssssssssss !

C'est le dernier bruit que vous entendez avant de sombrer, crachant et suffocant, jusqu'au **14**.

201

Lancez un dé. Si vous faites 5 ou 6, vous avez réussi à attraper le coffret au lasso ; dans ce cas vous pouvez empocher cette ravissante perle au **203**. *Si vous sortez n'importe quel autre chiffre, vous basculez dans la fosse au milieu des rats ! Rendez-vous alors au* **191**.

202

Enjambant feu le Lézard, vous longez la courbe, ce qui vous permet d'apercevoir de part et d'autre du corridor deux piliers reliés l'un à l'autre par un éclair bleuté vous barrant le passage.

Hum ! Peut-être auriez-vous dû bavarder avec le Lézard avant de le trucider...

Au point où vous en êtes, vous n'avez pas d'autre choix que d'avancer entre les piliers au **216** *ou revenir sur vos pas au* **90** *pour faire un nouveau choix.*

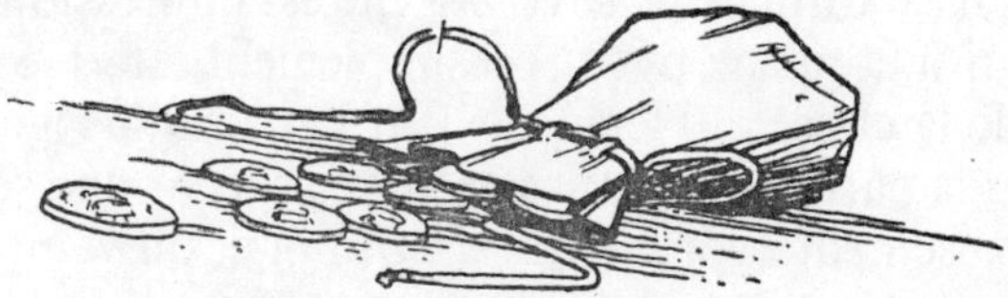

203

Votre main se referme sur la perle, et aussitôt une merveilleuse sensation de bien-être se répand à travers votre robuste charpente.

Ce qui est bien normal puisque la perle vous a rendu instantanément tous les POINTS DE VIE *qui pouvaient vous manquer à ce stade. (Et elle réussira ce miracle deux fois encore avant épuisement de son pouvoir.) Rangez maintenant avec soin cette précieuse trouvaille et extirpez-vous rapidement de ces fosses pour regagner le corridor au* **161** *(où vous aurez sans aucun doute l'occasion de vous attirer des ennuis d'ici peu)*

Seigneur Dieu, voilà qui était bien inattendu ! Tout le mur ouest coulisse, découvrant une vaste Salle du Trésor, aux trois quarts occupée par un énorme tas de pièces d'or et de pierres précieuses, collection de toute une vie où figurent probablement les 50 Pièces d'Or dues à Merlin, encore que la question soit quelque peu académique maintenant. Vous distinguez, disséminés dans le tas, une foule d'objets d'art de toutes tailles et de toutes formes : ivoires d'Afrique, figurines de jade chinoises, porcelaines anciennes, bijoux, précieuses sculptures sur bois. Il y a même un coffret en or, incrusté de diamants, de rubis, de saphirs et d'émeraudes ; à lui seul, il représente la rançon d'un roi, sans parler de ce que peut recéler un objet d'une telle valeur.

— Saperlipopette ! s'exclame E. J.

Mais il est difficile de savoir si elle est impressionnée par un si fabuleux trésor ou simplement atterrée à la vue de la chose qui le garde. Car jamais vous n'avez vu nulle part une créature de cette espèce : une sorte de croisement avorté entre un zombi et un vampire. Ou un vampire et une goule. Ou même une goule et un zombi. On dirait un être qui aurait dû mourir il y a un millier d'années, mais n'en a rien fait.

— Sortez ! hurle-t-il, ses yeux noirs étincelants de haine.

— Je crois que nous venons de trouver Grott le Gredin, vous annonce bien inutilement E. J.

Et c'est lui, en effet. Qui plus est, vous venez également de découvrir deux des Hydres Volantes apprivoisées de Grott, petites bestioles aux dents acérées qui attaquent d'abord et posent des questions ensuite, ce qu'elles sont en train de faire sans plus attendre. Chacune possède 15 POINTS DE VIE, *porte un coup*

204 *Grott le Gredin est escorté de deux Hydres Volantes apprivoisées.*

avec un 6 et ses morsures infligent 2 Points de Dommage supplémentaires. L'une et l'autre sont extrêmement difficiles à atteindre ; et il vous faudra, pour y parvenir, sortir un 7 même en ayant E.J. à la main. Si ces petites horreurs vous tuent, rendez-vous au **14**. *Sinon, il va falloir vous attaquer à Grott lui-même, qui possède 25* POINTS DE VIE, *porte un coup avec un 5 et inflige 3 Points de Dommage supplémentaires avec ses ongles sales. Plus angoissant encore, Grott a accès à tous les sortilèges des premier et second Livres de Sortilèges, et il se servira certainement de n'importe lequel, ou même de chacun d'entre eux pour rendre le combat plus intéressant. Si Grott vous tue, rendez-vous au* **14**. *Sinon, rendez-vous au* **222**.

205

Vos quenottes nacrées se referment sur la pièce de trois pence, qui se désintègre en une explosion silencieuse. Ainsi découvrez-vous qu'une puissante magie est en train d'agir. Vous vous retrouvez au cœur d'un tourbillonnant nuage de fumée qui se dissipe peu à peu, révélant à vos yeux un décor entièrement nouveau.

Que vous pouvez examiner de plus près au **23**.

206

Vous avez réussi ! Un saut superbe ! Maintenant que vous êtes de l'autre côté, vous distinguez dans le rocher une étroite fissure.

Que vous pouvez explorer au **215**.

207

Bing !
Le bruit familier d'un piège à ressort. Celui-ci

(heureusement pour vous) n'est pas muni d'épieu. Et en examinant le mécanisme avec attention, vous découvrez une porte secrète habilement dissimulée derrière. L'ayant franchi, vous vous retrouvez dans une pièce tapissée de plaques métalliques. Dans le mur du fond est fixé un levier auquel est accroché un médaillon en étain où figure une étoile à six branches.
La porte claque derrière vous, et un bref examen vous convainc qu'il n'est pas question de la rouvrir. Vous avancez donc vers le levier, vous décrochez le médaillon (qui est d'une assez jolie facture), vous prenez une profonde aspiration et, faute d'une meilleure idée, vous abaissez le levier. La pièce s'illumine brièvement.

Encore un téléportage, Pip, dirait-on. Rendez-vous au **23**.

208

Vous êtes un instant aveuglé par un bref éclair de lumière mais, ayant cligné des yeux, vous vous apercevez que vous êtes toujours dans la même pièce tapissée de plaques métalliques.

Mais en êtes-vous si sûr ? Mieux vaut vous rendre au **23** *pour vérifier.*

209

Allons bon, cela devient une manie : voilà qu'il se relève encore ! Il devait avoir dans la manche un autre sortilège de résurrection. Ou peut-être est-il impossible de tuer un Brucolaque...

Quoi qu'il en soit, il possède 25 nouveaux POINTS DE VIE *et il vient droit sur vous. (Le côté réjouissant de cette situation par ailleurs angoissante, c'est qu'il semble avoir épuisé son stock de sortilèges.) Si Grott vous tue, rendez-vous au* **14**. *Sinon, gardez votre épée à portée de main et continuez jusqu'au* **224**.

210

Sssssssssss !

C'est le dernier son que vous entendez avant de sombrer, suffocant, jusqu'au **14**.

211

C'est une pièce exiguë, à peine aussi grande qu'un placard et vide, à l'exception d'un petit coffret qui contient une chaise minuscule, un fouet également minuscule, et un bout de parchemin, plus grand à lui tout seul que les deux autres objets réunis. Le parchemin porte en titre :

METHODE DE DRESSAGE
DES ABEILLES DE CRISTAL

En dessous figurent les inscriptions sur la façon d'utiliser la chaise et le fouet pour dresser les Abeilles à effectuer des tours, comme par exemple attaquer un ennemi. Ou vous laisser en paix.

Intéressante trouvaille. Comme il n'y a pas d'autre issue, le mieux est de retourner au **195** *pour y vaquer à vos occupations.*

212

Vous vous approchez avec précautions du cube de cristal, qui scintille légèrement et change de couleur selon l'angle sous lequel vous le regardez. Tendant la main, vous donnez dessus une légère tape.
Zoum !

Sans le moindre avertissement et sans avoir éprouvé la moindre sensation, vous vous retrouvez dans une salle familière dont le sol, les murs et le plafond sont composés de massives dalles de granit. En son centre se dresse la statue grandeur nature de Grott le Gredin.

Eh oui ! Avoir bravé tant de dangers pour vous retrouver au **90**...

213

Oh, oh ! La porte vient de s'ouvrir, et la pièce qui s'offre maintenant à vos yeux, tapissée de plaques métalliques, vous paraît terriblement familière.

Vous pourriez être téléporté : toutes les pièces tapissées de plaques métalliques semblent, en effet, avoir cette propriété. Si vous voulez prendre le risque d'être réexpédié en arrière, vous pouvez entrer dans la pièce au **217**. *Sinon, la seule autre solution, malheureusement, est de revenir au paragraphe* **90** *où, en faisant pivoter la statue, vous aurez la possibilité d'aller vers le nord au* **95**, *vers le sud au* **102** *ou vers l'ouest au* **113**.

214

Tandis que le Vampire d'Or escalade les marches (en émettant un léger sifflement), vous sortez vivement la gousse d'ail en or et vous la brandissez devant vous, tout comme le héros à la fin des films de Dracula, quand le Comte... mais peu importe, le temps presse. Le Vampire d'Or s'immobilise.
— A mort, immonde incarnation en or du Démon ! hurlez-vous, au comble de l'excitation, persuadé que la gousse d'ail en or va avoir pour effet de le ratatiner.
Bien qu'à franchement parler, rien ne semble indi-

quer qu'il va tomber en poussière (d'or), ni même reculer. En fait, il continue à avancer ; plus lentement, d'accord, mais il avance.

— Laisse-moi le massacrer ! gronde E.J., d'humeur sanguinaire, comme cela lui arrive parfois.

Vous vous apprêtez à laisser tomber cette gousse d'ail ridicule pour brandir E.J., lorsque vous voyez le Vampire d'Or s'immobiliser, l'œil vitreux. Il commence à osciller légèrement, comme s'il était en transe.

— Vos désirs sont des ordres, ô Tout-Puissant ! prononce-t-il lentement.

Nom d'un petit bonhomme, vous l'avez hypnotisé ! Quel coup de chance ! Maintenant, vous pouvez donner l'ordre à ce farceur de combattre à vos côtés quand vous tomberez sur un Brucolaque ou toute autre créature dangereuse.

— Combien de POINTS DE VIE as-tu, mon petit Vampire joli ? lui demandez-vous avec insolence.

— Aucun, répond le Vampire d'Or d'une voix creuse.

— Bon, alors combien de POINTS DE MORT, si tu tiens à compliquer les choses ?

— Cinquante, répond le Vampire d'Or.

— Et tu te battras pour moi, si je te l'ordonne ?

— Vos désirs sont des ordres, ô Tout-Puissant !

Ce qui vous ramène à votre point de départ. En dehors du fait qu'il possède 50 POINTS DE VIE *(*DE MORT*), le Vampire d'Or porte un coup avec un 4 en infligeant 3 Points de Dommage supplémentaires avec ses crocs et il tranchera la jugulaire de tout ce qui bouge s'il sort un 12, tuant sur-le-champ sa victime. Comme il est pour l'instant totalement hypnotisé et soumis à votre pouvoir, ô Tout-Puissant, vous pouvez emmener cette brute dangereuse avec vous et mettre le cap sur le* **219**.

215

La faille s'enfonce profondément dans le rocher, si étroite par endroits que vous devez vous tourner de côté et rentrer le ventre pour pouvoir passer. Vous commencez à vous demander si vous n'avez pas commis une erreur en prenant cette direction, lorsque vous apercevez une vague lueur un peu plus loin. Vous forcez l'allure. La lumière est de plus en plus vive. Excité, vous pressez tellement le pas que vous délogez des rochers qui s'écroulent derrière vous, bloquant complètement la fissure. Mais vous n'y prêtez guère attention. Le passage s'élargit. Vous bondissez en avant et vous émergez sous un soleil éclatant. Vous êtes à l'air libre ! A l'air libre !

En fait, il n'y a pas lieu de tellement se réjouir, même si le soleil paraît merveilleux après l'obscurité de ce tombeau. Si vous vous éloignez de quelques pas, vous vous retrouverez au pied de la falaise, avec ses quatre entrées. La première peut être explorée au **7**, *la seconde au* **17**, *la troisième au* **22** *et la cinquième au* **51**.

216

La tête haute, vous avancez entre les piliers.

Qui vous expédient promptement au **14**.

217

Zzzzst !

Un téléportage ! Quelle plaie ! Après avoir fait tout ce chemin, vous voilà retransporté au... Mais non, pas du tout ! Ce n'est pas le **23** ! Vous avez abouti dans un autre corridor, orienté nord-sud. Enfin presque, car son extrémité sud est en fait un cul-de-sac. Ce corridor semble un peu différent de ous ceux que vous avez empruntés jusqu'alors. Très différent, à la vérité. Beaucoup plus large, pour commencer ; et beaucoup plus haut de plafond ; et plus froid. Vos pas résonnent dans le couloir où vous avancez, menue silhouette solitaire avec une seule direction à suivre et son seul courage pour le réconforter et lui tenir compagnie.

— Et moi, alors ? marmonne E.J., ulcérée.

Et votre fidèle épée parlante, bien sûr... Le corridor se poursuit en direction du nord sur plus de cent mètres avant d'atteindre une volée de marches de pierre descendant vers un large palier sur l'un des côtés duquel vous remarquez une petite porte de bois. Mais ce n'est pas la porte qui retient votre attention. Au pied des marches, une créature comme vous n'en avez encore jamais vue sort du cercueil en ébène que vous n'aviez pas voulu voir jusqu'à présent. Un Vampire à la peau dorée mesurant plus de deux mètres de haut. Il lève les yeux vers vous, sourit puis, avec une agilité d'araignée, se met à escalader les marches dans votre direction. Le corridor derrière vous ne mène nulle part. Vous n'avez donc le choix qu'entre deux solutions : affronter le Vampire d'Or ou mourir.

Vous pouvez mourir en vous rendant directement au **14**. *(Si quelqu'un vous pose une question, répondez simplement que vous avez eu une crise cardiaque.) Affronter le Vampire d'Or est un peu plus compliqué. Si par hasard vous avez sur vous une gousse d'ail en or, rendez-vous au* **214**. *Sinon, avancez d'un paragraphe jusqu'au* **218**.

218

Tandis que le Vampire d'Or escalade les marches (en émettant un léger sifflement), vous dégainez promptement E.J., vous demandant si vous devriez la brandir devant vous, avec son pommeau en forme de croix, comme le héros à la fin des films de Dracula, lorsque le Comte...

— Ne sois pas idiot ! hurle E.J., affolée. Frappe-le ! Frappe-le !

Et pour une fois, vous écoutez le conseil d'E.J., et vous acquérez ainsi le droit de porter le premier coup.

Et c'est peut-être mieux ainsi. Outre le fait qu'il possède 50 POINTS DE VIE *(*DE MORT*), le Vampire d'Or porte un coup avec un 4, inflige 3 Points de Dommage supplémentaires avec ses crocs et tranche la jugulaire de tout ce qui bouge s'il sort un 12, tuant sur-le-champ son adversaire. Si vous survivez à cette vilaine rencontre, vous pouvez ouvrir la petite porte au* **219**. *Sinon, vous pouvez toujours réviser votre stratégie au* **14**.

219

Vous vous baissez pour ouvrir la petite porte. Elle racle le sol, comme si elle n'avait pas servi depuis des siècles, mais pivote tout de même. Vous constatez alors (un peu déçu) qu'elle donne accès à une pièce vide, à l'exception d'un vieux crâne desséché, qui gît dans un coin. Franchissant le seuil en marchant comme un canard, vous vous redressez ensuite et vous jetez un coup d'œil alentour. Cette pièce n'a pas d'issue ; c'est une sorte d'antichambre, qui servait peut-être de sépulture, bien qu'il n'y ait pas d'autre ossement que le crâne.

Les sourcils froncés, vous faites demi-tour pour revenir sur vos pas, pour vous apercevoir alors que la petite porte par laquelle vous êtes arrivé s'est refermée. Vous essayez de l'ouvrir mais en vain : elle semble bien être coincée !

— Tire plus fort, vous conseille bien inutilement E.J.

Vous tirez plus fort, mais la porte ne bouge pas d'un pouce.

— Pip...

— Silence, E.J., répondez-vous d'un ton rogue, excédé par cette porte idiote.

Vous tirez de nouveau, plus violemment cette fois.

— Pip...

— Tu veux bien mettre la sourdine ? Tu ne vois pas que je suis occupé à essayer d'ouvrir cette...

— Pip !

— Mais, qu'est-ce qu'il y a , E.J. ? Tu ne peux pas...

Vous vous retournez et votre sang se fige dans vos veines. Le Crâne qui gisait dans un coin a décollé du sol et flotte maintenant dans le vide, fixant sur vous ses orbites vides (et pourtant légèrement injectées de sang !).

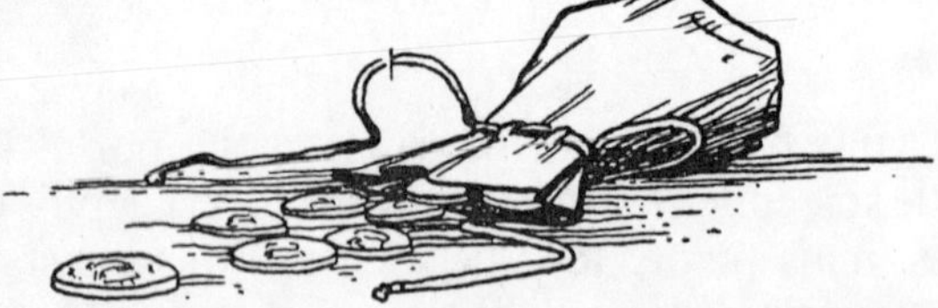

Vous vous seriez bien passé de cette complication, Pip. Ce Crâne n'est pas très dangereux quant aux POINTS DE VIE, *puisqu'il n'en possède que 18. Mais il a à sa disposition une inépuisable collection d'éclairs de Doigts de Feu, magiquement stockés dans cette boîte crânienne vide, prêts à être projetés tour à tour par chacune de ses deux orbites. Comme vous le savez, les Doigts de Feu atteignent toujours leur cible, quel que soit le résultat indiqué par les dés, et infligent toujours 10 Points de Dommage. Lancez les dés mainte-*

nant pour savoir qui frappe le premier et arrangez-vous pour neutraliser cette horreur en vitesse, sinon vous êtes bon pour le **14**. *Si vous survivez, rendez-vous au* **221**.

220

Inutile de vous escrimer : vous continuez à glisser. Vous glissez de plus en plus vite, essayant frénétiquement de vous agripper à n'importe quoi, tandis que vous plongez vers un abîme où l'obscurité semblent tourbillonner comme un maelstrom. Pendant un instant, votre main droite se referme sur quelque chose et votre chute démente se ralentit. Mais ce que vous teniez se détache de la paroi et vous basculez dans cet horrible tourbillon noir...

Et vous passez en douceur à travers le plafond d'une pièce tapissée de plaques métalliques, tenant à la main une pierre peinte en rouge que vous avez, dans votre affolement, arrachée au mur du corridor. Vous vous redressez et vous jetez un coup d'œil autour de vous ; au **23** *!*

221

Secoué d'un leger tremblement, vous examinez les fragments de cet affreux Crâne, fracassé à vos pieds. Avec un intérêt tout professionnel, vous remarquez qu'il était animé par le pouvoir d'un parchemin magique, reposant maintenant sur le sol. Intrigué, vous le ramassez pour le lire. D'un côté se trouve le sortilège d'animation, similaire à bien des égards à celui utilisé par Merlin pour permettre à E.J. de s'exprimer à tort et à travers...

— Grotesque... marmonne E.J.

... et de l'autre un message mystérieux.

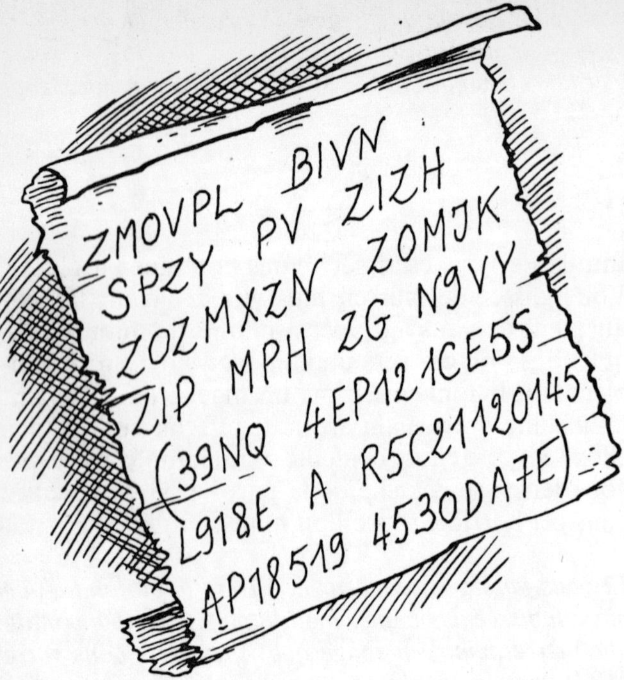

(Un aventurier avisé décodera tont d'abord le message figurant entre parenthèses).

L'escarmouche avec l'horrible Crâne semble vous avoir redonné des forces, car la porte coincée s'ouvre maintenant sans mal, ce qui vous permet de revenir jusqu'à la salle de la statue, d'où vous pouvez partir vers le nord au **95**, *le sud au* **102** *ou l'ouest au* **113**.

222

Vous enjambez avec empressement le corps prostré pour aller examiner de plus près ce fabuleux trésor d'or et de pierres précieuses.

— Attention ! hurle E.J.
Pivotant sur vous-même, vous constatez avec horreur que Grott, ressuscité, se jette sur vous.

Sa résurrection donne à Grott 25 POINTS DE VIE *supplémentaires et les mêmes capacités de combat et d'utilisation de sortilèges qu'auparavant. S'il vous tue cette fois-ci, rendez-vous au* **14**. *Si vous réussissez à lui régler définitivement son compte, rendez-vous au* **209**.

223

Vous avancez crânement. Les Abeilles rompent la formation, volent dans tous les sens, puis se regroupent pour dessiner le visage d'un instituteur à longues dents, et à la mine particulièrement renfrognée.

Si, toutefois, vous disposez par hasard d'un manuel de dressage d'Abeilles de Cristal sur vous, vous pouvez sans crainte ignorer cette menace (ou toute autre que pourraient faire planer les Abeilles) et vous rendre directement au **212**. *Sinon, vous allez devoir combattre d'une façon très particulière. D'abord, lancez deux dés et doublez le résultat obtenu pour savoir le nombre exact d'Abeilles qui vous attaqueront vraiment. Chacun de ces adversaires vous piquera (inutile de lancer les dés), mais une fois seulement. Chaque piqûre vous coûtera 2* POINTS DE VIE. *Si vous n'y survivez pas rendez-vous au* **14**. *Sinon, les Abeilles qui restent vous laisseront en paix pendant que vous examinerez le cube de cristal au* **212**.

224

— Assieds-toi dessus ! conseille E.J. Ça l'empêchera peut-être de se redresser.
Mais cette fois, Grott reste sur le carreau. Même en

le chatouillant aux bons endroits, vous ne tirerez pas de lui le moindre frémissement.

— Pillons cet endroit ! s'exclame E.J. avec enthousiasme. Regardons ce qu'il y a dans le coffret à bijoux.

— D'accord, acquiescez-vous, prêt à agir, venant d'apercevoir un tunnel partant en direction du nord avec une pancarte indiquant clairement : ISSUE SECRÈTE, et plusieurs brouettes en platine pour transporter le butin.

Vous prenez le coffret posé au sommet du tas et vous en soulevez avec précaution le couvercle. A l'intérieur se trouve un cœur en or et diamants, brillant d'un éclat qui ne trompe pas : celui d'un puissant pouvoir magique. Vous le contemplez, fasciné.

— Qu'est-ce que c'est ? demande E.J.

— Je ne sais pas, chuchotez-vous. Je n'ai jamais rien vu de pareil de ma vie. Je n'ai aucune idée de ce que ça peut être...

Mais peut-être — mais ce n'est qu'une supposition — l'apprendrez-vous tout au bout de l'issue secrète qui vous mènera droit au chapitre intitulé Le Triomphe de Pip.

Le triomphe de Pip

Ils marchaient côte à côte dans la pénombre grandissante du crépuscule, penchés l'un vers l'autre, absorbés par leur conversation. Ces deux personnages offraient un étrange contraste. Tous deux étaient de haute taille ; mais l'un musculeux, large d'épaules, avec des cheveux et une barbe brun roux, était de toute évidence un guerrier... et de toute évidence un Roi. L'autre, maigre au point d'en être émacié, vêtu de longues robes blanches et flottantes, sa longue barbe également blanche et flottante, portait perché au sommet du crâne un chapeau pointu brodé de croissants de lune, d'étoiles et de signes cabalistiques de toutes sortes.

— Mais peut-on espérer une réussite ? demanda le Roi.

— S'il est humainement possible de réussir, alors Pip réussira, répondit le Magicien.

Le Roi acquiesça d'un signe de tête, l'air sombre. Dès l'origine, il avait été opposé à cette aventure ; et étant un homme fondamentalement honnête, l'idée de tromper Pip lui avait déplu. Mais Merlin avait prétendu que c'était indispensable.

— Le problème, avait déclaré Merlin lorsqu'ils

avaient abordé la question pour la première fois, c'est que le Cœur d'Avalon est magique. Si on se met à sa recherche, on ne le retrouvera jamais. Il ne peut être découvert que par quelqu'un à la recherche de tout autre chose, et ne songeant surtout pas à trouver le Cœur. Après un léger reniflement, il avait ajouté : « Dans l'idéal, quelqu'un n'ayant même jamais entendu parler du Cœur d'Avalon. »

— Comment se fait-il que ce Grott l'ait entre les mains ? avait alors demandé le Roi.

Et Merlin, se grattant la barbe, avait répondu, morose :

— Il l'a volé, bien sûr. Mais ce n'était pas ce qu'il voulait voler à l'origine ; ç'aurait été tout à fait impossible. Ce qu'il visait, c'étaient les caleçons sacrés de Rérérêner, une relique d'une grande valeur que détiendrait, croit-on, l'Archevêque de Canterbury. Ce sont là des problèmes magiques d'une grande importance, Sire. Le sortilège qui a été lancé pour chiper les caleçons longs a été détourné par leur aura de sainteté et a atterri par erreur sur le Cœur d'Avalon. Une horrible histoire et une histoire horriblement dangereuse. Je doute que Grott sache ce qu'il possède, mais si jamais il l'apprenait, il se servirait sans aucun doute du Cœur pour vous déposer et s'approprier le contrôle de tout le Royaume. Cette seule idée donne froid dans le dos. Ainsi avait-il été décidé d'essayer de récupérer le Cœur d'Avalon avant que Grott ne découvre la puissance magique de l'objet qu'il avait volé. Et si l'on se référait aux expériences passées, un seul guerrier dans le Royaume possédait assez de courage, d'intelligence et de chance aveugle pour remplir cette mission : Pip.

« Je lui dirai que Grott me doit de l'argent, avait déclaré Merlin au Roi bien avant que cette histoire

Le Roi et Merlin marchaient côte à côte dans la pénombre grandissante du crépuscule.

ne débute. Il est assez naïf pour croire n'importe quoi. »
Mais maintenant que Pip avait disparu dans les entrailles cauchemardesques du Caveau de Grott, magiquement protégé, le bon Roi Arthur regrettait amèrement sa décision.
— Nous aurions dû le mettre en garde, Merl'. Lui donner une vague idée de...
— Je voudrais bien que vous ne m'appeliez pas ainsi, dit Merlin.
— Personne ne nous entend.
— Tout de même. De toute façon, comment aurions-nous pu le mettre en garde sans compromettre toute l'affaire ? N'oubliez pas : cela ne sert à rien de chercher le Cœur d'Avalon. On ne peut le trouver qu'en cherchant autre chose. En l'occurence, Pip est en quête d'aventure, de butin, de trésor, ce petit vaurien ; il y a donc une grande chance pour que le Cœur soit sauvé tout à fait par accident.
Derrière eux se dressait l'imposante masse de Tintagel, la Forteresse en Cornouailles du Roi Arthur. Comme la fraîcheur du soir tombait, ils firent demi-tour d'un commun accord pour revenir vers le Donjon.
— Cela fait longtemps maintenant... murmura le Roi Arthur.
— C'est une aventure très difficile, répliqua Merlin.
— Cependant...
— Peut-être devrions-nous veiller dans la chapelle du Château, suggéra Merlin.
— Pourquoi là ? demanda le Roi.
— Parce qu'un passage secret venant du Caveau de Grott débouche directement sous l'autel.
Le Roi s'immobilisa, consterné.
— Vous parlez sérieusement ?
Merlin répondit par un vague signe de tête.

— Mais il faut boucher l'issue ! Il faut...
— Calmez-vous, cher monarque. Elle est fermée magiquement depuis des années : pour empêcher Grott de sortir, bien sûr. N'importe quel autre peut y passer sans difficulté.
Ainsi les deux vieux amis, marchant côte à côte dans la pénombre grandissante du crépuscule, pénètrèrent dans la grande forteresse de Tintagel et, par les couloirs jonchés de paille, gagnèrent la Chapelle du Château où, dans l'odeur de l'encens et à la lumière vacillante des cierges, ils s'assirent pour attendre en silence. Et ils attendirent.
— Serait-il possible, finit par demander le Roi, que Grott ait gagné la partie ?
Merlin eut un haussement d'épaules fataliste.
— Tout est possible, grand Roi, mais je me permets de vous rappeler que Pip a un crochet du droit terrible quand il se fâche.
Ils retombèrent dans leur mutisme ; et attendirent.
— Est-il possible, reprit le Roi, que Pip ait été tué ?
— Tout est possible, répéta Merlin, et dans ce cas particulier, c'est même probable, mais n'oublions pas que la magie lui permet de recalculer ses POINTS DE VIE.
Minuit était passé qu'ils attendaient toujours.

Pendant ce temps-là, quelque part dans les entrailles de la terre, vous étiez en proie à quelques problèmes. Ayant emprunté le corridor indiqué comme : ISSUE SECRETE, vous aviez rapidement compris que la pancarte aurait été plus exaxte, si elle avait déclaré : LA VENGEANCE DE GROTT ; car il débouchait directement dans un labyrinthe aussi entortillé et emberlificoté qu'un plat de spaghettis ; un labyrinthe où vous aviez tôt fait de vous égarer complètement. Et il n'était pas vide, en plus. Tandis que, tel un pigeon voyageur fatigué, vous obéissiez au peu d'instinct qui vous restait pour poursuivre votre chemin, vous perceviez une foule de bruits ténus mais inquiétants, indiquant clairement que des monstres vous guettaient à chaque tournant (encore que, pour être juste, vous n'en ayez vu aucun), prêts à vous dévorer à la première occasion.

C'est dans cet état de grande nervosité — poussant courageusement devant vous une brouette de platine regorgeant d'objets précieux de toutes sortes, or, joyaux, et surtout, l'étrange coffret que vous aviez découvert — tenant fermement E.J. entre les dents, que vous êtes arrivé enfin à un étroit passage montant en pente douce.

Vous vous y étiez engagé résolument, plein d'espoir puisque c'était le premier passage qui ne descendait pas ; mais il s'interrompit brusquement, bloqué par une massive dalle de pierre.

— Jamais tu ne pourras passer par là, remarqua E.J.

— Gloub, ploub, tof kof ! avez-vous répliqué, car il est difficile de parler distinctement, avec une épée entre les dents.

Ayant ainsi remis E.J. à sa place, vous avez décidé d'avoir recours à la technique mystique qu'affectionnent tous les aventuriers quand ils sont coincés par de massives dalles de pierre. Vous avez expédié dedans un violent coup de pied.

La table de l'autel coulissa de côté en grinçant, mue par un mécanisme caché.

Merlin, qui s'était assoupi, se réveilla en sursaut.

— Pip ? appela-t-il. C'est toi, Pip ?

Et une voix excitée, sortant des profondeurs de ce tunnel nouvellement découvert, répondit :

— J'ai vos cinquante Pièces d'Or, Merlin... et un drôle de bijou en forme de cœur dans un coffret !

Le Livre de Sortilèges Combinés de Pip

RÈGLES POUR LE BON USAGE DE LA MAGIE

Règle n° 1. Chaque sortilège utilisé coûte 3 POINTS DE VIE. *Qu'il donne un résultat ou non.*

Règle n° 2. Aucun sortilège ne peut être jeté plus de trois fois au cours d'une mission. Il est ensuite inopérant, qu'il ait eu un effet ou non.

Règle n° 3. Marche à suivre pour utiliser un sortilège : lancez deux dés. Si le chiffre obtenu est égal ou supérieur à 7, il produit l'effet souhaité. Sinon, il est totalement inopérant.

Sortilèges	*Effets*
Armure Étincelante de Pip (AEP)	Crée un mur de lumière d'un éclat insoutenable, tourbillonnant autour de celui qui a formulé le sortilège. Cette lumière agit comme une armure, et permet donc de retrancher 4 points des Points de Dommage éventuellement reçus. Ces points s'*ajoutent* à tous ceux qui pourraient être retranchés

de la protection due à une véritable armure, un pourpoint en peau de dragon, etc.

Horion Épouvantable de Pip
(HEP)
Permet d'ajouter 10 points aux Points de Dommage pouvant être infligés à un adversaire au prochain Assaut.

Rire Irrésistible de Pip
(RIP)
Provoque chez un adversaire une telle hilarité qu'il rate trois Assauts consécutifs.

Flèche Invisible de Pip
(FIP)
Permet de décocher une flèche magique contre un adversaire hors de portée. Cette flèche ne manque jamais son but si le sortilège a été convenablement jeté, et provoque 10 Points de Dommage.

Puissant Antidote de Pip
(PAP)
Ce sortilège doit être jeté *avant* que le poison n'ait été ingurgité pour produire son effet, sinon *il n'opère pas*. Il rend insensible à tout poison, quels que soient les résultats obtenus par les dés. Il peut être très utile lorsque l'on désire goûter une substance inconnue qui pourrait se révéler nocive.

Neutralisant Instantané de Pip (NIP)	Permet de neutraliser dans l'instant l'effet d'un (unique) sortilège jeté sur un *objet* (et non sur un être vivant). Utile pour ouvrir placards, portes, tiroirs... tout ce qui peut être fermé par la magie.
Mouvement Éclair de Pip (MEP)	Au cours d'un combat, ce sortilège permet d'agir deux fois plus vite que d'habitude, et de porter deux coups consécutifs à chaque Assaut.
Super Sortilège **Invisibilité** (INVISIBILITÉ)	Ce sortilège très spécial ne peut être utilisé qu'une seule fois au cours d'une mission, au prix de 15 POINTS DE VIE, et dans des conditions tout à fait particulières qui seront indiquées en temps voulu. Attention donc à ne pas gaspiller ces 15 points en utilisant inconsidérément le sortilège. Il a pour effet de rendre invisible celui qui l'utilise.
Doigt de Feu	Fait jaillır un éclair du doigt, ce qui cause alors 10 Points de Dommage à un adversaire. Ce sortilège donne droit à dix éclairs. Mais une fois qu'il a été

	utilisé avec succès, il devient inopérant.
Boule de Feu	Crée une énorme boule de feu au creux de la main qui, lancée contre un adversaire, lui inflige 75 Points de Dommage. Ce sortilège donne droit à *deux* boules seulement, une pour chaque main. Il est possible de conserver un éclair ou une boule de feu pour les utiliser par la suite.
Sésame Infaillible de Pip (SIP)	Déverrouille n'importe quelle serrure dans un paragraphe, à condition d'obtenir au minimum 6 en lançant deux dés.
Réducteur unique de Pip (RUP)	Fait apparaître un chapeau magique dont le port ramènera Pip à une hauteur de 15 centimètres, lui permettant de se faufiler dans les passages les plus exigus. Sa taille redeviendra normale au paragraphe suivant.
Sortilège Végétal de Pip (SVP)	Assure une réaction amicale de la part de n'importe quel légume agressif.
Apesanteur Instantanée de Pip (AIP)	Permet à Pip de pratiquer la lévitation, mais seulement trois fois par aventure. Uti-

	lisée dans une maison, entraîne un choc brutal de la tête du sujet contre le plafond qui lui vaut la perte de la moitié de ses POINTS DE VIE.
Survolteur de l'Épée de Pip (SEP)	Permet à Pip de modifier la puissance d'E.J. au cours d'un combat. Ce sortilège doit être utilisé *avant* de porter un coup : si le sortilège réussit, les Points de Dommage causés par E.J. doublent, mais ils sont ensuite réduits de moitié au coup suivant.

REMARQUE IMPORTANTE POUR PIP

Mis à part le sortilège INVISIBILITÉ, tous les sortilèges peuvent être utilisés en tous lieux et en toutes circonstances. N'oubliez pas de bien tenir à jour votre *Feuille d'Aventure*, en rayant ceux que vous aurez utilisés.

Enfin, c'est à **vous** *seul de savoir, et donc de décider, quand vous pouvez les utiliser.*

Les portes secrètes

1 PPS	29 PPS	57 PPS	85 PPS
2 PPS	30 PPS	58 PPS	86 PPS
3 PPS	31 PPS	59 PPS	87 PPS
4 PPS	32 PPS	60 PPS	88 OO93
5 PPS	33 PPS	61 PPS	89 EN94
6 PPS	34 PPS	62 PPS	90 PPS
7 PPS	35 PPS	63 PPS	91 PPS
8 PPS	36 PPS	64 PPS	92 PPS
9 PPS	37 PPS	65 PPS	93 PPS
10 PPS	38 PPS	66 PPS	94 PPS
11 PPS	39 PPS	67 PPS	95 PPS
12 PPS	40 PPS	68 PPS	96 NO87
13 PPS	41 PPS	69 PPS	97 PPS
14 PPS	42 PPS	70 PPS	98 PPS
15 PPS	43 PPS	71 PPS	99 PPS
16 PPS	44 PPS	72 PPS	100 PPS
17 PPS	45 PPS	73 OO122	101 PPS
18 PPS	46 PPS	74 PPS	102 PPS
19 PPS	47 PPS	75 PPS	103 PPS
20 PPS	48 PPS	76 PPS	104 PPS
21 PPS	49 PPS	77 PPS	105 PPS
22 PPS	50 PPS	78 PPS	106 PPS
23 PPS	51 PPS	79 PPS	107 PPS
24 PPS	52 PPS	80 PPS	108 PPS
25 PPS	53 PPS	81 PPS	109 PPS
26 PPS	54 NO59	82 PPS	110 PPS
27 PPS	55 PPS	83 PPS	111 PPS
28 PPS	56 PPS	84 NO96 SO127 SE143	112 PPS

PPS = Pas de Porte Secrète

113 PPS	141 PPS	169 PPS	197 PPS
114 PPS	142 PPS	170 PPS	198 PPS
115 PPS	143 PPS	171 PPS	199 PPS
116 PPS	144 PPS	172 PPS	200 PPS
117 PPS	145 PPS	173 PPS	201 PPS
118 PPS	146 PPS	174 PPS	202 PPS
119 PPS	147 PPS	175 PPS	203 PPS
120 PPS	148 PPS	176 PPS	204 PPS
121 PPS	149 PPS	177 PPS	205 PPS
122 PPS	150 PPS	178 PPS	206 PPS
123 PPS	151 PPS	179 PPS	207 PPS
124 PPS	152 PPS	180 PPS	208 PPS
125 PPS	153 PPS	181 PPS	209 PPS
126 PPS	154 PPS	182 PPS	210 PPS
127 PPS	155 PPS	183 PPS	211 PPS
128 PPS	156 PPS	184 PPS	212 PPS
129 PPS	157 PPS	185 PPS	213 PPS
130 PPS	158 PPS	186 PPS	214 PPS
131 PPS	159 PPS	187 PPS	215 PPS
132 PPS	160 PPS	188 PPS	216 PPS
133 PPS	161 PPS	189 PPS	217 PPS
134 PPS	162 PPS	190 PPS	218 PPS
135 PPS	163 PPS	191 PPS	219 PPS
136 PPS	164 PPS	192 PPS	220 PPS
137 PPS	165 PPS	193 PPS	221 PPS
138 PPS	166 PPS	194 PPS	222 PPS
139 PPS	167 PPS	195 OO211	223 PPS
140 PPS	168 PPS	196 PPS	224 PPS

Le Décémètre

Cochez une case chaque fois que vous êtes tué.

Mortalité : nombre total des cases cochées.
Résultat de l'Aventure : soustrayez votre mortalité de 1 000.

1 000	Seigneur Aventurier
995 à 999	Chevalier Aventurier
990 à 994	Maître Aventurier
985 à 989	Aventurier Amateur
980 à 984	Apprenti Aventurier
975 à 979	Niquedouille

Le Temps du Rêve

Ce chapitre ne doit être consulté que si vous prenez la décision de dormir. Si les dés vous amènent à cette page, observez les règles suivantes :

1. Vous entrez dans le Temps du Rêve, avec le total de POINTS DE VIE que vous possédiez quand vous avez décidé de dormir.

2. Vous ne disposez ni de pouvoir magique, ni d'armes, ni d'armures, à l'exception de ceux qui pourraient vous échoir lors d'une rencontre dans le Temps du Rêve.

3. Il se peut que vous ne rameniez rien d'un séjour au Temps du Rêve.

4. Tout POINT DE VIE perdu dans le Temps du Rêve doit être déduit de votre total de POINTS DE VIE. Si vous êtes tué dans le Temps du Rêve, vous êtes effectivement mort et vous devez vous rendre directement au fatidique **14**.

Maintenant, entrez dans le Temps du Rêve en lançant deux dés et en vous rendant à la section indiquée par le total obtenu.

Si vous survivez, retournez au paragraphe où vous étiez quand vous avez décidé de dormir.

Sections du Temps du Rêve

2. Vous avez trouvé le fabuleux Trésor Perdu de Llandudno, et perdu du même coup 1 POINT DE VIE, du fait de votre excitation excessive. Si ce point perdu vous tue, rendez-vous au **14**. Sinon, vous vous réveillerez, serrant dans votre petite main brûlante cent Pièces d'Or provenant du fabuleux Trésor Perdu.

3. Un copieux repas de crêpes au fromage et d'oignons farcis, le tout arrosé de ketchup, vous donne au moment de vous coucher une sensation de lourdeur qui vous entraîne jusqu'au centre incandescent de la terre. Lancez un dé. Si vous faites moins de 4, vous continuez à sombrer, et vous émergez en Chine où vous vous réveillez en assez bonne forme. Si vous faites plus de 3, vous restez coincé au centre de la terre, ce qui est une route directe pour le **14**.

4. Vous balançant à travers les branches d'une jungle luxuriante, vous découvrez une grappe de fruits jusqu'alors inconnus. Lancez un dé pour savoir de combien de fruits se compose la grappe. Chaque fruit que vous mangerez vous redonnera un double lancer de POINTS DE VIE.

5. Pris au piège dans un octogone par un dé à six faces enragé, vous devez défendre votre vie sans l'aide d'E.J. Le dé possède 25 POINTS DE VIE, porte un coup avec un 5, et inflige 2 Points de Dommage supplémentaires, en raison de sa supériorité intellectuelle. Vous portez un coup avec un 6, et n'infligez que les Dommages indiqués par les dés. Si cette rencontre vous est fatale, rendez-vous au **14**. Sinon, retournez au paragraphe où vous avez eu recours au Sommeil.

6. Ayant par erreur mis vos pieds à l'envers, vous essayez maintenant d'échapper à un Manticore Géant en vous ruant dans sa gueule. Lancez deux dés et doublez le résultat obtenu pour savoir combien de POINTS DE VIE vous perdez dans cette affaire ridicule. Si le Manticore vous avale, rendez-vous au **14**.

7. Dans une tentative désespérée pour résoudre le Mystère de la Banane Mystique, vous vous rendez dans la grotte d'un ermite. Pendant que vous pratiquez la pose yoga sur la tête, tout votre argent tombe de vos poches. Quand vous vous réveillez, la moitié de votre or a disparu.

8. Une baguette magique défectueuse provoque une contre-résonnance magique elle aussi lorsque vous lancez un sortilège. Jetez deux dés. Si vous faites plus de 6, ajoutez le résultat obtenu à vos POINTS DE VIE actuels. Si vous faites moins de 7, soustrayez le résultat obtenu de votre total de POINTS DE VIE. Si cette opération vous ôte la vie, rendez-vous au **14**.

9. A la suite d'un pari stupide, vous essayez de manger une corde de 15 mètres de long. Inutile de dire que cela vous rend très malade. Quand vous vous réveillerez, vous perdrez 1 POINT DE VIE par nouveau paragraphe jusqu'à ce que vous ayez réussi à absorber une dose de Potion Curative.

10. Ayant ouvert une malle cerclée de métal, vous trouvez à l'intérieur un flacon en étain. Lorsque vous en enlevez le bouchon, une fumée verte s'en échappe et se solidifie pour former un hologramme de vous-même en technicolor et en trois dimensions ; si réaliste qu'il durera jusqu'à votre prochain combat, où il plongera votre adversaire dans une telle confusion qu'il perdra un Assaut sur deux, et ce, quel que soit le résultat indiqué par les dés.

11. Perdu dans un labyrinthe de grottes souterraines, vous découvrez une gemme étincelante et vous vous rendez compte qu'elle vous restitue tous les POINTS DE VIE qui vous manquaient par un simple scintillement de lumineuse énergie. Le problème, c'est de la sortir de ce labyrinthe. Lancez deux dés. Si vous faites de 2 à 4, lancez-les de nouveau. Si vous faites de 5 à 8, vous demeurez à jamais perdu dans le labyrinthe (ou du moins jusqu'à ce que vous tombiez par hasard sur le **14**). Si vous faites de 9 à 12, la gemme vous rend tous vos POINTS DE VIE.

12. Vous rêvez que vous rêvez. Lancez de nouveau les dés pour savoir où vous allez aboutir dans le Temps du Rêve.

Règles des Combats

Pour calculer votre *total de départ* de POINTS DE VIE
1. Lancez deux dés et additionnez les nombres obtenus.
2. Multipliez le résultat par 4.
3. Ajoutez les POINTS PERMANENTS DE VIE que vous avez gagnés dans vos précédentes missions (10 points au maximum).

Pour porter un coup à votre adversaire
1. Lancez deux dés pour vous et votre adversaire pour voir qui frappe le premier. Le nombre le plus élevé donne la priorité.
2. Faites au minimum 6, en jetant deux dés.

Pour infliger des Points de Dommage à un adversaire
1. Comptez le nombre de points que vous avez obtenus en plus du nombre nécessaire pour porter un coup.
2. Soustrayez ce nombre du total de POINTS DE VIE de votre adversaire.

Pour assommer un adversaire
Réduisez son total de POINTS DE VIE à 5.

Pour tuer un adversaire
Réduisez son total de POINTS DE VIE à zéro.

Vos adversaires font de même lorsqu'ils vous attaquent. Vous lancez, bien entendu, les dés à leur place.

Pour augmenter votre total de POINTS DE VIE
1. *Potions Curatives :* vous disposez de trois fioles contenant chacune six doses de Potion. Chaque dose

vous restitue les POINTS DE VIE correspondant au résultat obtenu en jetant deux dés.
2. *Onguents :* vous disposez de 5 applications. Chacune vous restitue 5 POINTS DE VIE.
3. *Sommeil :* vous pouvez dormir quand vous le désirez, sauf au cours d'un combat. Lancez un dé. Si vous obtenez de 1 à 4, rendez-vous au *Temps du Rêve*. Si vous obtenez 5 ou 6, vous augmentez votre total de POINTS DE VIE du résultat obtenu en jetant deux dés.
4. Tout autre moyen qui vous permettra d'augmenter votre total de POINTS DE VIE est indiqué dans le déroulement de l'aventure.

N.B. En aucun cas, votre total de POINTS DE VIE ne peut excéder votre *total de départ*, sauf si cela vous est expressément spécifié, excepté par l'addition de POINTS PERMANENTS DE VIE !

POINTS D'EXPÉRIENCE

1. 1 POINT D'EXPÉRIENCE est acquis pour chaque combat que vous avez gagné ou chaque énigme que vous avez résolue.
2. 20 POINTS D'EXPÉRIENCE = 1 POINT PERMANENT DE VIE.
3. Ces POINTS PERMANENTS DE VIE vous sont définitivement acquis. Vous pouvez les additionner avec vos POINTS DE VIE, dont le total peut, en ce cas, être supérieur au *total de départ*.
4. 10 POINTS PERMANENTS DE VIE pourront être utilisés lors de vos futures missions.

Armes et armures

1. L'utilisation d'armes accroît le nombre de Points de Dommage que vous pouvez infliger à un adversaire.

2. L'utilisation d'une armure réduit le nombre de Points de Dommage qu'un adversaire peut vous infliger.
3. Vous disposez *en permanence* de trois pièces d'équipement.
a) E.J. : grâce à cette épée, il vous suffit de faire 4 en jetant deux dés, pour porter un coup à un adversaire. De plus, à chaque coup porté, E.J. inflige 5 Points de Dommage supplémentaires à un adversaire.
b) Une dague : elle inflige 2 Points de Dommage supplémentaires à un adversaire à chaque coup porté.
c) Le pourpoint en peau de dragon : il vous permet d'annuler 5 Points de Dommage qui pourraient vous être infligés.

Magie
1. Chaque sort jeté coûte 3 POINTS DE VIE, qu'il donne un résultat ou non.
2. Aucun sort ne peut être jeté plus de trois fois au cours d'une mission. Il est ensuite inopérant, qu'il ait eu un effet ou non.
3. Marche à suivre pour jeter un sort : lancez deux dés. Si le chiffre obtenu est égal ou supérieur à 7, il produit l'effet souhaité. Sinon, il est totalement inopérant.
4. La liste des sorts pouvant être utilisés se trouve en page 175.

Pour éviter les combats
a) Tentez d'obtenir une Réaction Amicale de la part de votre adversaire.
b) Essayez de Corrompre votre adversaire.

a) Réaction Amicale

Jetez deux dés : une fois pour votre adversaire, et trois fois pour vous-même. Si le total que vous obtenez est inférieur au chiffre obtenu par votre adversaire, il manifeste à votre égard une Réaction Amicale. Comportez-vous alors comme si vous aviez gagné un combat.

b) Tentative de *corruption*

1. La *corruption* n'est possible que dans les paragraphes dont le numéro est suivi d'un ou plusieurs astérisques précédant la lettre **C** (***C**). Le nombre d'astérisques indique le nombre de Pièces d'Or (ou d'objets de valeur équivalente ou supérieure) nécessité pour corrompre un adversaire. ***C** = 100 Pièces d'Or (P.O.) ; ****C** = 500 P.O. ; *****C** = 1 000 P.O. ; ******C** = 10 000 P.O.

2. Pour acheter votre adversaire, jetez deux dés. Si vous obtenez de 2 à 7, votre offre est refusée. Si vous obtenez de 8 à 12, comportez-vous comme si vous aviez gagné un combat.

3. Que votre entreprise soit ou non couronnée de succès, décomptez l'offre que vous avez faite de votre total de Pièces d'Or.

Répétitions de l'aventure

Si vous décidez de tenter l'aventure de nouveau, tous les adversaires tués antérieurement restent morts. Tout trésor ramassé est perdu à moins d'indication contraire précise, et plus aucun trésor ne se trouve aux paragraphes ou vous les aviez découverts.

Achevé d'imprimer en mai 2003
sur les presses de la Société Nouvelle Firmin-Didot

Loi n° 49-956 du 16 juillet 1949
sur les publications destinées à la jeunesse

N° d'imprimeur : 63673 - Dépôt légal : mai 2003
1er dépôt légal dans la même collection : septembre 1986
ISBN : 2-07-050962-1
Imprimé en France

122061